W0244886

SV

Band 2 der Bibliothek Suhrkamp

Walter Benjamin

Berliner Kindheit

um Neunzehnhundert

Suhrkamp Verlag

Zwanzigstes und einundzwanzigstes Tausend 1979
Copyright 1950 by Suhrkamp Verlag Frankfurt am Main.
Alle Rechte vorbehalten. Printed in Germany. Satz und
Druck in Linotype Baskerville-Antiqua von Kunst- und Ver-
lagsdruckerei Robert Abt, Neu-Ulm. Offsetnachdruck: Nomos
Verlagsgesellschaft, Baden-Baden.

Meinem lieben Stefan

Berliner Kindheit

›O braungebackne Siegessäule
mit Winterzucker aus den Kindertagen‹

›Zu spät gekommen‹, ›Die Speisekammer‹, ›Verstecke‹, ›Das Karussell‹, ›Schränke‹ sind in anderer Gestalt in dem Buch ›Einbahnstraße‹ (1928) zuerst veröffentlicht.

Tiergarten

Sich in einer Stadt nicht zurechtfinden heißt nicht viel. In einer Stadt sich aber zu verirren, wie man in einem Walde sich verirrt, braucht Schulung. Da müssen Straßennamen zu dem Irrenden so sprechen wie das Knacken trockner Reiser und kleine Straßen im Stadtinnern ihm die Tageszeiten so deutlich wie eine Bergmulde widerspiegeln. Diese Kunst habe ich spät erlernt; sie hat den Traum erfüllt, von dem die ersten Spuren Labyrinthe auf den Löschblättern meiner Hefte waren. Nein, nicht die ersten, denn vor ihnen war das eine, welches sie überdauert hat. Der Weg in dieses Labyrinth, dem seine Ariadne nicht gefehlt hat, führte über die Bendlerbrücke, deren linde Wölbung die erste Hügelflanke für mich wurde. Unweit von ihrem Fuße lag das Ziel: der Friedrich Wilhelm und die Königin Luise. Auf ihren runden Sockeln ragten sie aus den Beeten wie gebannt von magischen Kurven, die ein Wasserlauf vor ihnen in den Sand schrieb. Lieber als an die Herrscher wandte ich mich aber an ihre Sockel, weil, was darauf vorging, wenn auch undeutlich im Zusammenhange, näher im Raum war. Daß es mit diesem Irrgang etwas auf sich hat, erkannte ich seit jeher an dem breiten, banalen Vorplatz, der durch nichts verriet, daß hier, nur wenige Schritte von dem Korso der Droschken und Karossen abgelegen, der sonderbarste Teil des Parkes schläft. Davon empfing ich schon sehr früh ein Zeichen. Hier nämlich oder unweit muß ihr Lager jene Ariadne abgehalten haben, in deren Nähe ich zum ersten Male, und um es nie mehr zu vergessen, das begriff, was mir als Wort erst später zufiel: Liebe. Doch gleich an seiner Quelle taucht das ›Fräulein‹ auf, das sich als kalter Schatten auf sie legte. Und so war dieser Park, der wie kein anderer den Kindern offen scheint, auch sonst für mich mit Schwierigem, Undurchführbarem verstellt. Wie selten unterschied ich die Fische im Goldfischteich. Wieviel versprach die Hofjägerallee mit ihrem Namen und wie wenig hielt sie.

Wie oft suchte ich das Gebüsch umsonst, in dem mit roten, weißen, blauen Türmchen ein Kiosk im Stil der Ankersteinbaukästen stand. Wie hoffnungslos kehrte mit jedem Frühling meine Liebe zum Prinzen Louis Ferdinand zurück, zu dessen Füßen die ersten Krokus und Narzissen standen. Ein Wasserlauf, der mich von ihnen trennte, machte sie mir so unberührbar, als wenn sie unter einem Glassturz gestanden hätten. So kalt im Schönen mußte fußen, was fürstlich ist, und ich begriff, warum Luise von Landau, mit der ich im Zirkel saß, bis sie gestorben war, am Lützowufer schräg gegenüber von der kleinen Wildnis hatte wohnen müssen, die ihre Blüten von den Wassern des Kanals betreuen läßt. Später entdeckte ich neue Winkel; über andere habe ich zugelernt. Jedoch kein Mädchen, kein Erlebnis und kein Buch konnte mir über diesen Neues sagen. Als darum dreißig Jahre danach ein Landeskundiger, ein Bauer von Berlin, sich meiner annahm, um nach langer gemeinsamer Entfernung aus der Stadt mit mir zurückzukehren, durchfurchten seine Pfade diesen Garten, in welchen er die Saat des Schweigens säte. Er ging die Steige voran, und ein jeder war ihm abschüssig. Sie führten hinab, wenn schon nicht zu den Müttern allen Seins, gewiß zu denen dieses Gartens. Im Asphalt, über den er hinging, weckten seine Schritte ein Echo. Das Gas, welches auf unser Pflaster schien, warf ein zweideutiges Licht auf diesen Boden. Die kleinen Treppen, die säulengetragenen Vorhallen, die Friese und Architrave der Tiergartenvillen — von uns zum erstenmal wurden sie beim Wort genommen. Vor allem aber die Treppenhäuser, die mit ihren Scheiben die alten waren, wenn sich auch im Innern, das man bewohnte, viel geändert hatte. Die Verse weiß ich noch, die nach der Schule die Intervalle meines Herzschlags füllten, wenn ich im Treppensteigen innehielt. Sie dämmerten mir von der Scheibe, wo ein Weib, schwebend wie die Sixtinische Madonna, einen Kranz in Händen haltend, aus der Nische trat. Die Riemen meiner Mappe mit den Daumen auf meinen Schultern lüftend, las ich ab: ›Arbeit ist des Bürgers Zierde / Segen ist der Mühe Preis.‹ Die Haustür unten sank mit einem Seufzen, wie ein Gespenst ins Grab, zurück ins Schloß. Draußen regnete es vielleicht. Eine der bunten Scheiben stand offen, und beim Takte der Tropfen ging es weiter die Treppe hinauf. Unter den Kariatyden und Atlanten, den Putten und Pomonen aber, die mich damals angesehen hatten, waren mir nun die liebsten jene angestaubten aus dem Geschlecht der Schwellenkundigen, die den Schritt ins Dasein oder in ein Haus behüten. Denn sie verstanden sich aufs Warten. Und so war es ihnen eins, ob sie auf einen Fremden warteten, die Wiederkehr der alten Götter oder auf das Kind, das sich vor dreißig Jahren mit der Mappe an ihrem Fuß vorbeigeschoben hat. In ihrem Zeichen wurde der alte Westen zum antiken, aus dem die westlichen Winde den Schiffern kommen, die ihren Kahn mit den Äpfeln der Hesperiden langsam den Landwehrkanal herauflößen, um bei der Brücke des Herakles anzulegen. Und wieder hatten, wie in meiner Kindheit, die Hydra und der Lernäische Löwe Platz in der Wildnis um den Großen Stern.

Kaiserpanorama

Es war ein großer Reiz der Reisebilder, die man im Kaiserpanorama fand, daß gleichviel galt, bei welchem man die Runde anfing. Denn weil die Schauwand mit den Sitzgelegenheiten davor im Kreis verlief, passierte jedes sämtliche Stationen, von denen man durch je ein Fensterpaar in seine schwachgetönte Ferne sah. Platz fand man immer. Und besonders gegen das Ende meiner Kindheit, als die Mode den Kaiserpanoramen schon den Rücken kehrte, gewöhnte man sich, im halbleeren Zimmer rundzureisen. Musik, die später Reisen mit dem Film erschlaffend machte, weil durch sie das Bild, an dem die Phantasie sich nähren könnte, sich zersetzt — Musik gab es im Kaiserpanorama nicht. Mir aber scheint ein kleiner, eigentlich störender Effekt all dem verlogenen Zauber überlegen, den um Oasen Pastorales oder um Mauerreste Trauermärsche weben.

Das war ein Klingeln, welches wenige Sekun-
den, eh das Bild ruckweise abzog, um erst eine
Lücke und dann das nächste freizugeben, anschlug. Und jedesmal, wenn es erklang, durch-
tränkten die Berge bis auf ihren Fuß, die
Städte in allen ihren spiegelblanken Fenstern,
die fernen, malerischen Eingeborenen, die
Bahnhöfe mit ihrem gelben Qualm, die Reben-
hügel bis ins kleinste Blatt sich tief mit weh-
mutsvoller Abschiedsstimmung. Zum zweiten-
mal kam ich zur Überzeugung — denn vorher
brachte sie fast regelmäßig der Anblick schon
des ersten Bildes auf —, daß es unmöglich sei,
die Herrlichkeiten in dieser einen Sitzung auszuschöpfen. Und dann entstand der — nie be-
folgte — Vorsatz, am nächsten Tage nochmals
herzukommen. Doch ehe ich mir völlig schlüssig
war, erbebte der ganze Bau, von dem mich nur
die Holzverschalung trennte; das Bild in seinem kleinen Rahmen wankte, um alsbald nach
links vor meinen Blicken sich davonzumachen.
Die Künste, die hier überdauerten, sind mit
dem neunzehnten Jahrhundert aufgestanden.
Nicht eben frühe, aber doch zur Zeit, um noch
das Biedermeier zu begrüßen. Im Jahre 1838

hatte Daguerre sein Panorama in Paris eröffnet. Seitdem sind diese klaren, schimmernden
Kassetten, die Aquarien der Ferne und Vergangenheit, auf allen modischen Korsos und
Promenaden heimisch. Und hier wie in Passagen und Kiosken haben sie Snobs und Künst-
ler gern beschäftigt, ehe sie die Kammer wurden, wo im Innern die Kinder mit dem Erdball
Freundschaft schlossen, von dessen Kreisen der
erfreulichste — der schönste, bilderreichste
Meridian — sich durch das Kaiserpanorama
zog. Als ich zum erstenmal dort eintrat, war
die Zeit der zierlichsten Veduten längst vorbei. Der Zauber aber, dessen letztes Publikum
die Kinder waren, hatte nichts verloren. So
wollte er mich eines Nachmittags vorm Trans-
parent des Städtchens Aix bereden, ich hätte
in dem olivenfarbenen Lichte, das durch die
Platanenblätter auf den breiten Cours Mira-
beau herabströmt, schon einmal zu einer Zeit
gespielt, die freilich nichts mit andern Zeiten
meines Lebens teilte. Denn dies war an den
Reisen sonderbar: daß ihre ferne Welt nicht
immer fremd und daß die Sehnsucht, die sie in
mir weckte, nicht immer eine lockende ins Un-

bekannte, vielmehr bisweilen jene lindere nach einer Rückkehr ins Zuhause war. Das aber ist vielleicht das Werk des Gaslichts gewesen, das so sanft auf alles fiel. Und wenn es regnete, so brauchte ich mich nicht bei den Affichen aufzuhalten, auf welchen alle fünfzig Bilder pünktlich, in zwei Kolonnen, eingetragen waren — ich trat ins Innere und fand nun dort in Fjorden und auf Kokospalmen dasselbe Licht, das abends bei den Schularbeiten mir das Pult erhellte. Es sei denn, ein Defekt in der Beleuchtung erzeugte plötzlich jene seltene Dämmerung, in der die Farbe aus der Landschaft schwand. Dann lag sie unter einem Aschenhimmel verschwiegen da; es war, als hätte ich noch eben Wind und Glocken hören können, wenn ich nur besser achtgegeben hätte.

Siegessäule

Sie stand auf dem weiten Platz wie das rote Datum auf dem Abreißkalender. Mit dem letzten Sedantag hätte man sie abreißen sollen. Als ich klein war, konnte man aber ein Jahr ohne Sedantag sich nicht vorstellen. Nach Sedan blieben nur Paraden übrig. Als darum neunzehnhundertzwei Ohm Krüger nach dem verlorenen Burenkrieg die Tauentzienstraße entlanggefahren kam, da stand auch ich mit meiner Gouvernante in der Reihe. Denn unausdenkbar, einen Herrn nicht zu bestaunen, der im Zylinder in den Polstern lehnte und ›einen Krieg geführt hatte‹. So sagte man. Mir aber schien das prächtig und zugleich nicht ganz manierlich; so wie wenn der Mann ein Nashorn oder Dromedar ›geführt‹ hätte und damit so berühmt geworden wäre. Was konnte denn nach Sedan kommen? Mit der Niederlage der Franzosen schien die Weltgeschichte in ihr glorreiches Grab gesunken, über dem diese Säule die Stele war und auf das die Siegesallee mündete. Als Quartaner beschritt ich die breiten Stufen, die zu ihren marmornen Herrschern führten, nicht ohne dunkel vorher zu fühlen, wie mancher privilegierte Aufgang sich später mir gleich diesen Freitreppchen erschließen werde, und dann wandte ich mich zu den beiden Vasallen, die zur Rechten und Linken die Rückwand krönten, teils weil sie niedriger als ihre Herrscher und bequem in Augenschein zu nehmen waren, teils weil die Gewißheit mich erfüllte, meine Eltern von den gegenwärtigen Machthabern nicht so viel weiter entfernt zu wissen als diese Würdenträger von den ehemaligen. Ich liebte aber unter ihnen am meisten den, der die unermeßliche Kluft zwischen Schüler und Staatsperson auf seine eigene Weise überbrückte. Das war ein Bischof, welcher in der Hand den Dom hielt, der ihm unterstellt und hier so klein war, daß ich ihn mit dem Ankersteinbaukasten hätte bauen können. Seitdem bin ich auf keine heilige Katharina gestoßen, ohne nach ihrem Rad, auf keine heilige Barbara, ohne nach ihrem

Turm mich umzusehen. Man hatte nicht versäumt, mir zu erklären, woher der Schmuck der Siegessäule stammt. Ich hatte aber nicht genau erfaßt, was es mit den Kanonenrohren, die ihn bilden, auf sich hatte: ob die Franzosen mit goldenen in den Krieg gezogen waren oder ob das Gold, welches wir ihnen abgenommen hatten, von uns erst zu Kanonen war gegossen worden. Es ging mir damit wie mit meinem Prachtwerk, der illustrierten Chronik dieses Krieges, die so schwer auf mir lag, weil ich sie nie beendete. Sie interessierte mich; ich kannte mich gut auf den Plänen ihrer Schlachten aus; und dennoch wuchs die Unlust, die für mich von ihrem goldgepreßten Deckel ausging. Noch weniger glimpflich aber dämmerte das Gold vom Freskenzyklus des Umgangs, der den unteren Teil der Siegessäule verkleidete. Ich habe diesen Raum, den ein gedämpftes, von seiner Rückwand reflektiertes Licht erfüllte, nie betreten; ich fürchtete dort Schilderungen in der Art derjenigen zu finden, die ich nie ohne Entsetzen in den Stahlstichen Dorés zu Dantes ›Hölle‹ aufgeschlagen hatte. Es schienen mir die Helden, deren Taten dort in der

Säulenhalle dämmerten, im stillen ebenso ver-
rufen wie die Scharen, die von Wirbelwinden
gepeitscht, in blutende Baumstümpfe einge-
fleischt, in Gletscherblöcken vereist im finsteren
Trichter schmachteten. So war denn dieser Umgang das Inferno, das rechte Widerspiel des
Gnadenkreises, der oben um die strahlende
Viktoria lief. An manchen Tagen standen Leute
droben. Vorm Himmel schienen sie mir schwarz
umrandet wie die Figurinen der Klebebilder-
bogen. Nahm ich nicht Schere oder Leimtopf nur
zur Hand, um, nach getaner Arbeit, solche Püpp-
chen vor den Portalen, hinter Büschen, zwischen
Pfeilern, und wo es sonst mich lockte, zu vertei-
len? Geschöpfe solcher seligen Willkür waren
droben im Licht die Leute. Ewiger Sonntag war
um sie. Oder war es nicht ein ewiger Sedantag?

Telephon

Es mag am Bau der Apparate oder der Erinnerung liegen — gewiß ist, daß im Nachhall
die Geräusche der ersten Telephongespräche
mir sehr anders in den Ohren liegen als die
heutigen. Es waren Nachtgeräusche. Keine
Muse vermeldet sie. Die Nacht, aus der sie
kamen, war die gleiche, die jeder wahren Neu-
geburt vorhergeht. Und eine neugeborene war
die Stimme, die in den Apparaten schlum-
merte. Auf Tag und Stunde war das Telephon
mein Zwillingsbruder. Und so durfte ich er-
leben, wie es die Erniedrigung der Frühzeit in
seiner stolzen Laufbahn überwand. Denn als
Kronleuchter, Ofenschirm und Zimmerpalme,
Konsole, Gueridon und Erkerbrüstung, die damals in den Vorderzimmern prangten, schon
längst verdorben und gestorben waren, hielt,
einem sagenhaften Helden gleich, der in der
Bergschlucht ausgesetzt gewesen, den dunklen

Korridor im Rücken lassend, der Apparat den königlichen Einzug in die gelichteten und helleren, nun von einem jüngeren Geschlecht bewohnten Räume. Ihm wurde er der Trost der Einsamkeit. Den Hoffnungslosen, die diese schlechte Welt verlassen wollten, blinkte er mit dem Licht der letzten Hoffnung. Mit den Verlassenen teilte er ihr Bett. Auch stand er im Begriff, die schrille Stimme, die er aus dem Exil behalten hatte, zu einem warmen Summen abzudämpfen. Denn was bedurfte es noch mehr an Stätten, wo alles seinem Anruf entgegenträumte oder ihn zitternd wie ein Sünder erwartete. Nicht viele, die heute ihn benutzen, wissen noch, welche Verheerungen einst sein Erscheinen im Schoße der Familien verursacht hat. Der Laut, mit dem er zwischen zwei und vier, wenn wieder ein Schulfreund mich zu sprechen wünschte, anschlug, war ein Alarmsignal, das nicht allein die Mittagsruhe meiner Eltern, sondern die weltgeschichtliche Epoche störte, in deren Mitte sie sich ihr ergaben. Meinungsverschiedenheiten mit den Ämtern waren die Regel, ganz zu schweigen von den Drohungen und Donnerworten, die

mein Vater gegen die Beschwerdestelle aus-
stieß. Doch seine eigentlichen Orgien galten
der Kurbel, der er sich minutenlang und bis
zur Selbstvergessenheit verschrieb. Und seine
Hand war wie ein Derwisch, der der Wollust
seines Taumels unterliegt. Mir aber schlug das
Herz, ich war gewiß, in solchen Fällen drohe
der Beamtin als Strafe ihrer Säumigkeit ein
Schlag. In diesen Zeiten hing das Telephon
entstellt und ausgestoßen zwischen der Truhe
für die schmutzige Wäsche und dem Gaso-
meter in einem Winkel des Hinterkorridors,
von wo sein Läuten die Schrecken der Berliner
Wohnung nur steigerte. Wenn ich dann, meiner Sinne kaum mehr mächtig, nach langem
Tasten durch den finstern Schlauch, anlangte,
um den Aufruhr abzustellen, die beiden Hörer,
welche das Gewicht von Hanteln hatten, abriß
und den Kopf dazwischen preßte, war ich
gnadenlos der Stimme ausgeliefert, die da
sprach. Nichts war, was die unheimliche Gewalt, mit der sie auf mich eindrang, milderte.
Ohnmächtig litt ich, wie sie die Besinnung auf
Zeit und Pflicht und Vorsatz mir entwand, die
eigene Überlegung nichtig machte, und wie

das Medium der Stimme, die von drüben seiner sich bemächtigt, folgt, ergab ich mich dem ersten besten Vorschlag, der durch das Telephon an mich erging.

Schmetterlingsjagd

Gelegentlicher Sommerreisen unbeschadet, bezogen wir, ehe ich zur Schule ging, alljährlich Sommerwohnungen in der Umgebung. An sie erinnerte noch lange an der Wand meines Knabenzimmers der geräumige Kasten mit den Anfängen einer Schmetterlingssammlung, deren älteste Exemplare in dem Garten am Brauhausberge erbeutet waren. Kohlweißlinge mit abgestoßenen Rändern, Zitronenfalter mit zu blanken Flügeln vergegenwärtigten die heißen Jagden, die mich so oft von den gepflegten Gartenwegen fort in eine Wildnis gelockt hatten, in welcher ich ohnmächtig der Verschwörung von Wind und Düften, Laub und Sonne gegenüberstand, die dem Flug der Schmetterlinge gebieten mochten. Sie flatterten auf eine Blüte zu, sie standen über ihr. Den Kescher angehoben, erwartete ich nur noch, daß der Bann, der von der Blüte auf das Flügelpaar zu wirken schien, sein Werk vollendet habe, da entglitt der zarte Leib mit leisen Stößen seitwärts, um genau so reglos eine andere Blüte zu beschatten und genau so plötzlich, ohne sie berührt zu haben, sie zu lassen. Wenn so ein Fuchs oder Ligusterschwärmer, den ich gemächlich hätte überholen können, durch Zögern, Schwanken und Verweilen mich zum Narren machte, dann hätte ich gewünscht, in Licht und Luft mich aufzulösen, nur um ungemerkt der Beute mich zu nähern und sie überwältigen zu können. Und so weit ging der Wunsch mir in Erfüllung, daß jedes Schwingen oder Wiegen der Flügel, in die ich vergafft war, mich selbst anwehte oder überrieselte. Es begann die alte Jägersatzung zwischen uns zu herrschen: je mehr ich selbst in allen Fibern mich dem Tier anschmiegte, je falterhafter ich im Innern wurde, desto mehr nahm dieser Schmetterling in Tun und Lassen die Farbe menschlicher Entschließung an, und endlich war es, als ob sein Fang der Preis sei, um den einzig ich meines Menschendaseins wieder habhaft werden könne. Doch wenn es dann vollbracht war, wurde es ein mühevoller Weg, bis ich vom Schauplatz meines Jagdglücks an das Lager vorgedrungen war, wo Äther, Watte, Nadeln mit bunten Köpfen und Pinzetten in der Botanisiertrommel zum Vorschein kamen. Und wie lag das Revier in meinem Rücken! Gräser waren geknickt, Blumen zertreten worden; der Jagende selber hatte als Dreingabe den eignen Körper seinem Kescher nachgeworfen; und über soviel Zerstörung, Plumpheit und Gewalt hielt zitternd und dennoch voller Anmut sich in einer Falte des Netzes der erschrockene Schmetterling. Auf diesem mühevollen Wege ging der Geist des Todgeweihten in den Jäger ein. Die fremde Sprache, in welcher dieser Falter und die Blüten vor seinen Augen sich verständigt hatten — nun hatte er einige Gesetze ihr abgewonnen. Seine Mordlust war geringer, seine Zuversicht um so viel größer geworden. Die Luft jedoch, in der sich dieser Falter damals wiegte, ist heute ganz durchtränkt von einem Wort, das seit Jahrzehnten nie mehr mir zu Ohren noch über meine Lippen gekommen ist. Es hat das Unergründliche bewahrt, womit die Namen der Kindheit dem Erwachsenen entgegentreten.

Langes Verschwiegenwordensein hat sie verklärt. So zittert durch die schmetterlingserfüllte Luft das Wort ›Brauhausberg‹. Auf dem Brauhausberge bei Potsdam hatten wir unsere Sommerwohnung. Aber der Name hat alle Schwere verloren, enthält von einem Brauhaus überhaupt nichts mehr und ist allenfalls ein von Bläue umwitterter Berg, der im Sommer sich aufbaute, um mich und meine Eltern zu behausen. Und darum liegt das Potsdam meiner Kindheit in so blauer Luft, als wären seine Trauermäntel oder Admirale, Tagpfauenaugen und Aurorafalter über eine der schimmernden Emaillen von Limoges verstreut, auf denen die Zinnen und Mauern Jerusalems vom dunkelblauen Grunde sich abheben.

Abreise und Rückkehr

Der Lichtstreif unter der Schlafzimmertür, am Vorabend, wenn die andern noch auf waren, — war er nicht das erste Reisesignal? Drang er nicht in die Kindernacht voller Erwartung wie später in die Nacht eines Publikums der Lichtstreif unter dem Bühnenvorhang? Ich glaube, das Traumschiff, das einen damals abholte, ist oft über den Lärm der Gesprächswogen und die Gischt des Tellergeklappers vor unsere Betten geschwankt, und am frühen Morgen hat es uns abgesetzt, fiebrig, als wenn wir die Fahrt schon hinter uns hätten, die wir eben erst antreten sollten. Fahrt in einer ratternden Droschke, die den Landwehrkanal entlang fuhr und in der mir plötzlich das Herz schwer wurde. Gewiß nicht wegen des Kommenden oder des Abschieds; sondern das öde Beisammensitzen, das noch anhielt, noch dauerte, nicht vom Anhauch der

Reise wie ein Gespenst vor der Morgendäm-
merung verflogen war, überschlich mich mit
Traurigkeit. Aber nicht lange. Denn wenn der
Wagen die Chausseestraße hinter sich hatte,
war ich wieder mit den Gedanken unserer
Bahnfahrt vorangeeilt. Seither münden für
mich die Dünen Koserows oder Wenningstedts
hier in der Invalidenstraße, wo den andern
die Sandsteinmassen des Stettiner Bahnhofs
entgegentreten. Meist aber war in der Frühe
das Ziel ein näheres. Nämlich der ›Anhalter‹,
laut des Namens Mutterhöhle der Eisenbah-
nen, wo die Lokomotiven zu Hause sein und
die Züge anhalten mußten. Keine Ferne war
ferner, als wo im Nebel seine Gleise zusam-
menliefen. Doch auch die Nähe, die mich eben
noch umfangen hatte, rückte ab. Die Wohnung
lag der Erinnerung verwandelt vor. Mit ihren
Teppichen, die eingerollt, den Lüstern, die in
Sackleinwand vernäht, den Sesseln, die überzogen waren, mit dem Halblicht, das durch die
Jalousien sickerte, gab sie, indem wir eben
erst den Fuß aufs Trittbrett unseres D-Zug-
Wagens setzten, der Erwartung von fremden
Sohlen, leisen Tritten Raum, die, vielleicht

bald, über die Dielen schleifend, Diebsspuren in den Staub einzeichnen sollten, der seit einer Stunde gemächlich seine Niederlassungen bezog. Daher geschah es, daß ich jedesmal als Heimatloser aus den Ferien kam. Und noch die letzte Kellerhöhle, wo die Lampe schon brannte — nicht erst zu entzünden war — schien mir beneidenswert, mit unserer Wohnung verglichen, die im Westen dunkelte. So boten bei der Heimkehr aus Bansin oder aus Hahnenklee die Höfe mir viel kleine, traurige Asyle an. Dann freilich schloß die Stadt sie wieder ein, als reue ihre Hilfsbereitschaft sie. Wenn dennoch einmal der Zug vor ihnen zögerte, so war es, weil ein Signal kurz vor der Einfahrt uns die Strecke sperrte. Je langsamer er fuhr, desto schneller zerging die Hoffnung, hinter Brandmauern der nahen Elternwohnung zu entkommen. Doch diese überzähligen Minuten, eh alles aussteigt, stehen heute noch in meinen Augen. Mancher Blick hat sie vielleicht gestreift wie in den Höfen Fenster, die in schadhaften Mauern stecken und hinter denen eine Lampe brennt.

Zu spät gekommen

Die Uhr im Schulhof sah beschädigt aus durch meine Schuld. Sie stand auf ›zu spät‹. Und auf den Flur drang aus den Klassentüren, die ich streifte, Murmeln von geheimer Beratung. Lehrer und Schüler dahinter waren Freund. Oder alles schwieg still, als erwarte man einen. Unhörbar rührte ich die Klinke an. Die Sonne tränkte den Flecken, wo ich stand. So schändete ich meinen grünen Tag und öffnete. Niemand schien mich zu kennen. Wie der Teufel den Schatten des Peter Schlemihl, hatte der Lehrer mir meinen Namen bei Beginn der Stunde einbehalten. Ich sollte nicht mehr an die Reihe kommen. Leise schaffte ich mit bis Glockenschlag. Aber es war kein Segen dabei.

Wintermorgen

Die Fee, bei der er einen Wunsch frei hat, gibt
es für jeden. Allein nur wenige wissen sich
des Wunsches zu entsinnen, den sie taten;
nur wenige erkennen darum später im eignen
Leben die Erfüllung wieder. Ich weiß den, der
mir in Erfüllung ging, und will nicht sagen,
daß er klüger gewesen ist als der der Mär-
chenkinder. Er bildete sich in mir mit der
Lampe, wenn sie am frühen Wintermorgen
um halb sieben sich meinem Bette näherte und
den Schatten des Kindermädchens an die Decke
warf. Im Ofen wurde Feuer angezündet. Bald
sah die Flamme, wie in ein viel zu kleines
Schubfach eingepfercht, wo sie vor Kohlen
kaum sich rühren konnte, zu mir hin. Und
doch war es ein so Gewaltiges, das dort in
nächster Nähe, kleiner als ich selbst, sich ein-
zurichten anfing, und zu dem die Magd sich
tiefer bücken mußte als zu mir. Wenn es ver-

sorgt war, tat sie einen Apfel zum Braten in die Ofenröhre. Bald zeichnete sich das Gatter der Kamintür im roten Flackern auf der Diele ab. Und meiner Müdigkeit kam vor, sie habe an diesem Bilde für den Tag genug. So war es um diese Stunde immer; nur die Stimme des Kindermädchens störte den Vollzug, mit dem der Wintermorgen mich den Dingen in meinem Zimmer anzutrauen pflegte. Noch war die Jalousie nicht hochgezogen, da schob ich schon zum erstenmal den Riegel der Ofentür beiseite, um dem Apfel in seiner Röhre nachzuspüren. Manchmal hatte er sein Aroma noch kaum verändert. Und dann geduldete ich mich, bis ich den schaumigen Duft zu wittern glaubte, der aus einer tieferen und verschwiegeneren Zelle des Wintertages kam als selbst der Duft des Baums am Weihnachtsabend. Da lag die dunkle, warme Frucht, der Apfel, der sich, vertraut und doch verändert wie ein guter Bekannter, der verreist war, bei mir einfand. Es war die Reise durch das dunkle Land der Ofenhitze, der er die Arome von allen Dingen abgewonnen hatte, welche der Tag mir in Bereitschaft hielt. Und darum war es auch nicht sonderbar, daß immer, wenn ich an seinen blanken Wangen meine Hände wärmte, ein Zögern mich beschlich, ihn anzubeißen. Ich spürte, daß die flüchtige Kunde, die er in seinem Dufte brachte, allzu leicht mir auf dem Wege über meine Zunge entkommen könne. Jene Kunde, die mich manchmal so beherzte, daß sie mich noch auf dem Marsch zur Schule tröstete. Dort angelangt, kam freilich bei Berührung mit meiner Bank die ganze Müdigkeit, die erst verflogen schien, verzehnfacht wieder. Und mit ihr jener Wunsch: ausschlafen zu können. Ich habe ihn wohl tausendmal getan und später ging er wirklich in Erfüllung. Doch lange dauerte es, bis ich sie darin erkannte, daß noch jedesmal die Hoffnung, die ich auf Stellung und ein sicheres Brot gehegt hatte, umsonst gewesen war.

Steglitzer Ecke Genthiner

In jede Kindheit ragten damals noch die Tanten, die ihr Haus nicht mehr verließen, die immer, wenn wir mit der Mutter zu Besuch erschienen, auf uns gewartet hatten, immer unter dem gleichen schwarzen Häubchen und im gleichen Seidenkleide, aus dem gleichen Lehnstuhl, vom gleichen Erkerfenster uns willkommen hießen. Wie Feen, die ein ganzes Tal durchwirken, ohne noch je darein hinabzusteigen, durchwalteten sie ganze Straßenzüge, ohne jemals in ihnen zu erscheinen. Zu diesen Wesen zählte Tante Lehmann. Ihr guter norddeutscher Name bürgte für ihr Recht, ein Menschenalter lang den Erker zu behaupten, unter dem die Steglitzer in die Genthiner Straße mündet. Die Ecke zählt zu denen, die der Wandel der letzten dreißig Jahre kaum berührte. Nur daß in dieser Zeit der Schleier, der sie mir als Kind verhüllte, fiel. Denn damals hieß sie mir noch nicht nach Steglitz. Der Vogel Stieglitz schenkte ihr den Namen. Und hauste nicht die Tante wie ein Vogel, der reden kann, in ihrem Bauer? Stets wenn ich ihn betrat, war er erfüllt vom Zwitschern dieses kleinen, schwarzen Vogels, der über alle Nester und Gehöfte der Mark, wo seine Sippe einst verstreut gesessen hatte, hinweggeflogen war und beider Namen — der Dörfer und der Sippschaft —, die so oft genau die gleichen waren, im Gedächtnis hatte. Die Tante wußte die Verschwägerungen, Wohnsitze, Glücks- und Unglücksfälle all der Schoenflies, Rawitschers, Landsbergs, Lindenheims und Stargards, die einst als Vieh- oder Getreidehändler im Märkischen und Mecklenburgischen gesessen hatten. Nun aber waren ihre Söhne und vielleicht schon Enkel hier im alten Westen heimisch, in Straßen, die die Namen preußischer Generäle und manchmal auch der kleinen Städte trugen, aus denen sie hierher gezogen waren. Oft wenn in späteren Jahren mein Expreß an solchen abgeschiedenen Flecken vorüberjagte, sah ich vom Bahndamm aus auf Katen, Höfe, Scheuern und Giebel und ich fragte mich: Sind es vielleicht nicht gerade diese hier gewesen, deren Schatten die Eltern jener alten Mütterchen, bei denen ich als kleiner Junge eintrat, vor Zeiten hinter sich gelassen haben. Dort bot mir eine brüchige und spröde Stimme gläsern den guten Tag. Doch war sie nirgends so fein gesponnen und auf das gestimmt, was mich erwartete, wie Tante Lehmanns. Kaum war ich nämlich eingetreten, trug sie Sorge, daß man den großen Glaswürfel vor mich stellte, der ein ganzes lebendiges Bergwerk in sich schloß, worin sich kleine Knappen, Hauer, Steiger mit Karren, Hämmern und Laternen pünktlich im Takte eines Uhrwerks regten. Dies Spielzeug — wenn man es so nennen darf — entstammte einer Zeit, die auch dem Kind des reichen Bürgerhauses noch den Blick auf Arbeitsplätze und Maschinen gönnte. Und unter ihnen allen war das Bergwerk von jeher ausgezeichnet, weil es nicht nur die Schätze wies, die eine harte Arbeit zum Nutzen aller Tüchtigen ihm entwand, sondern auch jenen Silberblick aus seinen Adern, an den das Biedermeier mit Jean Paul, Novalis, Tieck und Werner sich verloren hatte. Doppelt verwahrt war diese Erkerwohnung, wie es für Räume sich gehörte, die so Kostbares in sich zu bergen hatten. Gleich nach dem Haustor fand sich links im Flur die dunkle Tür zur Wohnung mit der Schelle. Wenn sie sich vor mir auftat, führte, steil und atemraubend, eine Stiege aufwärts, wie ich es später nur noch in Bauernhäusern gefunden habe. Im Schein des trüben Gaslichts, das von oben kam, stand eine alte Dienerin, in deren Schutz ich gleich darauf die zweite Schwelle, die zur Diele dieser düstern Wohnung führte, überschritt. Ich hätte sie mir aber ohne eine von diesen Alten gar nicht denken können. Weil sie mit ihrer Herrschaft einen Schatz wenn auch verschwiegener Erinnerungen teilten, verstanden sie sie nicht allein aufs Wort, sondern vermochten sie vor jedem Fremden mit allem Anstand zu vertreten. Vor keinem aber leichter als vor mir, auf den sie meist viel besser sich verstanden als die Herrschaft. Und dafür hatte ich dann wieder Blicke der Ehrfurcht, ja Bewunderung für sie. Sie waren, nicht nur leiblich, meist massiver, gewaltiger als die Gebieterinnen, und es kam vor, daß der Salon da drinnen, trotz Bergwerk oder Schokolade, mir nicht so viel zu sagen hatte wie das Vestibül, in dem die alte Stütze, wenn ich kam, das Mäntelchen wie eine Last mir abnahm und, wenn ich ging, die Mütze mir, als wenn sie mich segnen wollte, in die Stirne drückte.

Die Speisekammer

Im Spalt des kaum geöffneten Speiseschranks drang meine Hand wie ein Liebender durch die Nacht vor. War sie dann in der Finsternis zu Hause, tastete sie nach Zucker oder Mandeln, nach Sultaninen oder Eingemachtem. Und wie der Liebhaber, ehe er's küßt, sein Mädchen umarmt, hatte der Tastsinn mit ihnen ein Stelldichein, ehe der Mund ihre Süßigkeit kostete. Wie gab der Honig, gaben Haufen von Korinthen, gab sogar Reis sich schmeichelnd in die Hand. Wie leidenschaftlich dies Begegnen beider, die endlich nun dem Löffel entronnen waren. Dankbar und wild wie eine, die man aus dem Elternhause sich geraubt hat, gab hier die Erdbeermarmelade ohne Semmel und gleichsam unter Gottes freiem Himmel sich zu schmecken, und selbst die Butter erwiderte mit Zärtlichkeit die Kühnheit eines Werbers, der in ihre Mägdekammer vorstieß.

Die Hand, der jugendliche Don Juan, war bald in alle Zellen und Gelasse eingedrungen, hinter sich rinnende Schichten und strömende Mengen: Jungfräulichkeit, die ohne Klagen sich erneuerte.

Erwachen des Sexus

In einer jener Straßen, die ich später auf Wanderungen, die kein Ende nahmen, nachts durchstreifte, überraschte mich, als es an der Zeit war, das Erwachen des Geschlechtstriebs unter den sonderbarsten Umständen. Es war am jüdischen Neujahrstage und die Eltern hatten Anstalten getroffen, in irgendeiner gottesdienstlichen Feier mich unterzubringen. Wahrscheinlich handelte es sich um die Reform-gemeinde, der meine Mutter aus Familien-tradition einige Sympathie entgegenbrachte, während meinem Vater von Hause aus der orthodoxe Ritus vertraut war. Er mußte aber nachgeben. Man hatte mich für diesen Feiertag einem entfernteren Verwandten anbefohlen, den ich abholen sollte. Aber sei es, daß ich dessen Adresse vergessen hatte, sei es, daß ich mich in der Gegend nicht zurechtfand — es wurde später und später und mein Umherirren immer aussichtsloser. Selbständig in die Synagoge mich zu trauen, konnte gar nicht in Frage kommen, denn mein Beschützer hatte die Einlaßkarten. An meinem Mißgeschicke trug die Hauptschuld Abneigung gegen den fast Unbekannten, auf den ich angewiesen war, und Argwohn gegen die religiösen Zeremonien, die nur Verlegenheit in Aussicht stellten. Da überkam mich, mitten in meiner Ratlosigkeit, mit einem Male eine heiße Welle der Angst — ›zu spät, die Synagoge ist verpaßt‹—, noch ehe sie verebbt war, ja genau im gleichen Augenblick aber eine zweite vollkommener Gewissenlosigkeit—›das alles mag laufen wie es will, mich geht's nichts an‹. Und beide Wellen schlugen unaufhaltsam im ersten großen Lustgefühl zusammen, in dem die Schändung des Feiertags sich mit dem kupplerischen der Straße mischte, die mich hier zuerst die Dienste ahnen ließ, welche sie den erwachten Trieben leisten sollte.

Eine Todesnachricht

Man hat das déjà vu oft beschrieben. Ist die Bezeichnung eigentlich glücklich? Sollte man nicht von Begebenheiten reden, welche uns betreffen wie ein Echo, von dem der Hall, der es erweckte, irgendwann im Dunkel des verflossenen Lebens ergangen scheint. Im übrigen entspricht dem, daß der Choc, mit dem ein Augenblick als schon gelebt uns ins Bewußtsein tritt, meist in Gestalt von einem Laut uns zustößt. Es ist ein Wort, ein Rauschen oder Pochen, dem die Gewalt verliehen ist, unvorbereitet uns in die kühle Gruft des Einst zu rufen, von deren Wölbung uns die Gegenwart nur als ein Echo scheint zurückzuhallen. Seltsam, daß man noch nicht dem Gegenbild dieser Entrückung nachgegangen ist — dem Choc, mit dem ein Wort uns stutzen macht wie ein vergessener Muff in unserm Zimmer. Wie uns dieser auf eine Fremde schließen läßt, die da war, so gibt es Worte oder Pausen, die uns auf jene unsichtbare Fremde schließen lassen: die Zukunft, welche sie bei uns vergaß. Ich mag fünf Jahre alt gewesen sein. An einem Abend — ich lag bereits im Bett — erschien mein Vater. Wahrscheinlich um mir gute Nacht zu sagen. Es war halb gegen seinen Willen, denke ich, daß er die Nachricht vom Tode eines Vetters mir erzählte. Das war ein älterer Mann, der mich nichts anging. Mein Vater aber gab die Nachricht mit allen Einzelheiten. Er beschrieb, auf meine Frage, was ein Herzschlag sei, und war weitschweifig. Von der Erzählung nahm ich nicht viel auf. Wohl aber habe ich an diesem Abend mein Zimmer und mein Bett mir eingeprägt, wie man sich einen Ort genauer merkt, von dem man ahnt, man werde eines Tages etwas Vergessenes von dort holen müssen. Nach vielen Jahren erst erfuhr ich, was. In diesem Zimmer hatte mir mein Vater ein Stück der Neuigkeit verschwiegen. Nämlich der Vetter war an Syphilis gestorben.

Markthalle Magdeburger Platz

Vor allem denke man nicht, daß es Markt-
Halle hieß. Nein, man sprach ›Mark-Thalle‹,
und wie diese beiden Wörter in der Gewohnheit des Sprechens verschlissen waren, daß
keines seinen ursprünglichen Sinn beibehielt,
so waren in der Gewohnheit meines Gangs
durch diese Halle verschlissen alle Bilder,
welche sie gewährte, so daß ihrer keines sich
dem ursprünglichen Begriff von Einkauf oder
Verkauf darbot. Hatte man den Vorraum mit
den schweren, in kräftigen Spiralen schwingen-
den Türen hinter sich gelassen, heftete sich der
erste Blick auf Fliesen, die von Fischwasser
oder Spülwasser schlüpfrig waren und auf
denen man leicht auf Karotten ausgleiten
konnte oder auf Lattichblättern. Hinter Draht-
verschlägen, jeder behaftet mit einer Nummer,
thronten die schwerbeweglichen Weiber, Prie-
sterinnen der käuflichen Ceres, Marktweiber

aller Feld- und Baumfrüchte, aller eßbaren Vögel, Fische und Säuger, Kupplerinnen, unantastbare strickwollene Kolosse, welche von Stand zu Stand miteinander, sei es mit einem Blitzen der großen Knöpfe, sei es mit einem Klatschen auf ihre Schürze, sei es mit busenschwellendem Seufzen verkehrten. Brodelte, quoll und schwoll es nicht unterm Saum ihrer Röcke, war nicht dies der wahrhaft fruchtbare Boden? Warf nicht in ihren Schoß ein Marktgott selber die Ware: Beeren, Schaltiere, Pilze, Klumpen von Fleisch und Kohl, unsichtbar beiwohnend ihnen, die sich ihm gaben, während sie träge, gegen Tonnen gelehnt oder die Wage mit schlaffen Ketten zwischen den Knien, schweigend die Reihen der Hausfrauen musterten, die mit Taschen und Netzen beladen mühsam die Brut vor sich durch die glatten, stinkenden Gassen zu steuern suchten. Wenn es dann aber dämmerte und man müde wurde, sank man tiefer wie ein erschöpfter Schwimmer. Endlich trieb man im lauen Strom stummer Kunden dahin, die wie Fische auf die stachligen Riffe glotzten, wo die schwammigen Najaden sich's wohl sein ließen.

Verstecke

Ich kannte in der Wohnung schon alle Verstecke und kam in sie wie in ein Haus zurück,
in dem man sicher ist, alles beim alten zu finden. Mir schlug das Herz, ich hielt den Atem
an. Hier war ich in die Stoffwelt eingeschlossen. Sie ward mir ungeheuer deutlich, kam mir
sprachlos nah. So wird erst einer, den man
aufhängt, inne, was Strick und Holz sind. Das
Kind, das hinter der Portière steht, wird selbst
zu etwas Wehendem und Weißem, zum Gespenst. Der Eßtisch, unter den es sich gekauert
hat, läßt es zum hölzernen Idol des Tempels
werden, wo die geschnitzten Beine die vier
Säulen sind. Und hinter einer Türe ist es
selber Tür, ist mit ihr angetan als schwerer
Maske und wird als Zauberpriester alle be-
hexen, die ahnungslos eintreten. Um keinen
Preis darf es gefunden werden. Wenn es Ge-
sichter schneidet, sagt man ihm, braucht nur

die Uhr zu schlagen und es muß so bleiben. Was Wahres daran ist, erfuhr ich im Versteck. Wer mich entdeckte, konnte mich als Götzen unterm Tisch erstarren machen, für immer als Gespenst in die Gardine mich verweben, auf Lebenszeit mich in die schwere Tür bannen. Ich ließ darum mit einem lauten Schrei den Dämon, der mich so verwandelte, ausfahren, wenn der Suchende mich griff — ja, wartete den Augenblick nicht ab und kam mit einem Schrei der Selbstbefreiung ihm zuvor. Darum wurde ich den Kampf mit dem Dämon nicht müde. Die Wohnung war dabei das Arsenal der Masken. Doch einmal jährlich lagen an geheimnisvollen Stellen, in ihren leeren Augenhöhlen, ihrem starren Mund, Geschenke, die magische Erfahrung wurde Wissenschaft. Die düstere Wohnung entzauberte ich als ihr Ingenieur und suchte Ostereier.

Herr Knoche und Fräulein Pufahl

Unter den Ansichtskarten meiner Sammlung
gab es einige wenige, deren Schriftseite mir
deutlicher in der Erinnerung haftet als ihr
Bild. Sie trugen die schöne, leserliche Unterschrift: Helene Pufahl. Das war der Name
meiner Lehrerin. Das P, mit dem er anhob,
war das P von Pflicht, von Pünktlichkeit, von
Primus; f hieß folgsam, fleißig, fehlerfrei, und
was das l am Ende anging, war es die Figur
von lammfromm, lobenswert und lernbegie-
rig. So wäre diese Unterschrift, wenn sie, wie
die semitischen, aus Konsonanten allein bestanden hätte, nicht nur Sitz der kalligraphi-
schen Vollkommenheit gewesen, sondern die
Wurzel aller Tugenden.
Knaben und Mädchen aus den besten Häusern des bürgerlichen Westens saßen in Fräulein Pufahls Zirkel. Im einzelnen nahm man
es nicht genau, so daß sich in den Kreis der
Bürgerlichen auch eine Adlige verirren konnte.

Luise von Landau hieß sie, und der Name hatte mich bald in seinen Bann gezogen. Bis heute blieb er mir lebendig, doch nicht darum. Er war vielmehr der erste unter denen Gleichaltriger, auf den ich den Akzent des Todes fallen hörte. Das war, nachdem ich, unserem Zirkel schon entwachsen, ein Angehöriger der Sexta war. Und wenn ich nun ans Lützowufer kam, suchte ich mit den Blicken stets ihr Haus. Zufällig lag es einem Gärtchen gegenüber, das, am anderen Ufer, in das Wasser hängt. Und das verwob sich mit der Zeit so innig mit dem geliebten Namen, daß ich schließlich zur Überzeugung kam, das Blumenbeet, das drüben unberührbar prange, sei der Kenotaph der kleinen Abgeschiedenen.

Fräulein Pufahl wurde abgelöst von Herrn Knoche. Nun war ich eingeschult. Was sich im Klassenzimmer zutrug, stieß mich meist ab. Doch nicht bei einem seiner Strafgerichte ist es, daß die Erinnerung Herrn Knoche trifft, vielmehr im Amt des Sehers, der das Künftige voraussagt, und das ihm nicht schlecht anstand. Wir hatten Singen. Geübt wurde das Reiterlied aus ›Wallenstein‹:

›Frisch auf, Kameraden, aufs Pferd, aufs Pferd,
In das Feld, in die Freiheit gezogen!
Im Felde, da ist der Mann noch was wert,
Da wird das Herz noch gewogen.‹

Herr Knoche wollte von der Klasse wissen, was
denn der letzte Vers bedeuten solle. Natürlich
konnte niemand Antwort geben. Herr Knoche
aber schien das eben recht, und er erklärte:
›Das werdet ihr verstehen, wenn ihr groß
seid.‹

Damals erschien mir das Ufer des Erwachsen-
seins durchs Flußband vieler Jahre von dem
meinen so geschieden wie jenes Ufer des
Kanals, von dem das Blumenbeet herübersah
und das beim Spaziergang an der Hand des
Kinderfräuleins nie betreten wurde. Später,
als mein Weg von keinem mehr mir vor-
geschrieben wurde und ich auch schon das
›Reiterlied‹ verstand, kam ich manchmal dicht
in der Nähe des Beetes am Landwehrkanal vor-
über. Aber nun schien es seltener zu blühen.
Und von dem Namen, den wir einst zusammen
festgehalten hatten, wußte es nicht mehr, als
jener Vers des Reiterlieds, jetzt, da ich ihn
verstand, von jenem Sinn enthielt, den uns

Herr Knoche in der Gesangsstunde verheißen hatte. Das leere Grab und das gewogene Herz — zwei Rätselbilder, deren Lösung mir das Leben weiter schuldig bleiben wird.

Der Fischotter

Wie man aus der Wohnung, wo einer haust,
und aus dem Stadtviertel, das er bewohnt,
sich ein Bild von seiner Natur und Wesensart
macht, hielt ich es mit den Tieren des Zoologischen Gartens. Von den Straußen, welche
vor einem Hintergrund von Sphinxen und
Pyramiden Spalier bildeten bis zu dem Nil-
pferd, das seine Pagode wie ein Zauberpriester bewohnte, der auf dem Wege ist, leib-
haftig mit dem Dämon, dem er dient, sich zu
verschmelzen, war kaum ein Tier, dessen Behausung ich nicht liebte oder fürchtete. Seltener waren die unter ihnen, die schon durch die
Lage ihres Hauses etwas Besonderes hatten —
meist Insassen des Weichbilds: jener Teile,
mit denen der Zoologische Garten an die
Kaffeeschänken oder das Ausstellungsgebäude
anstieß. Vor allen anderen Bewohnern solcher
Gegenden war aber der Fischotter bemerkens-

wert. Unter den drei Portalen war ihm das an der Lichtensteinbrücke zunächstgelegen. Es war bei weitem das am wenigsten benutzte, führte auch in die abgestorbenste Region des Gartens. Die Allee, die den Besucher da empfing, ähnelte mit den weißen Kugeln ihrer Kandelaber einer verlassenen Promenade von Eilsen oder Bad Pyrmont, und lange ehe diese Orte so verödet lagen, daß sie antiker als die Thermen sind, trug dieser Winkel des Zoologischen Gartens die Züge des Kommenden. Es war ein prophetischer Winkel. Denn wie es Pflanzen gibt, von denen man erzählt, daß sie die Kraft besitzen, in die Zukunft sehen zu lassen, so gibt es Orte, die die gleiche Gabe haben. Verlassene sind es meist, auch Wipfel, die gegen Mauern stehn, Sackgassen oder Vorgärten, wo kein Mensch sich jemals aufhält. An solchen Orten scheint es, als sei alles, was eigentlich uns bevorsteht, ein Vergangenes. In diesem Teile des Zoologischen Gartens also war es, wo immer, wenn ich mich dahin verirrte, ein Blick mir über den Brunnenrand vergönnt war, welcher hier wie in der Mitte eines Kurparks aufstieg. Das war der Zwinger des

Fischotters. Ein Zwinger in der Tat; denn starke Stäbe vergitterten die Brüstung des Bassins, in dem das Tier sich aufhielt. Ein kleiner Fels- und Grottenbau umsäumte im Hintergrunde das Oval des Beckens. Er war gewiß als Wohnung für das Tier gedacht; doch habe ich es niemals darin angetroffen. Und so verblieb ich häufig, endlos wartend, vor dieser unergründlichen und schwarzen Tiefe, um irgendwo den Otter zu entdecken. Gelang es endlich, war es sicher nur für einen Nu, denn augenblicklich war der gleißende Insasse der Zisterne von neuem in der nassen Nacht verschwunden. Gewiß, in Wahrheit war es keine Zisterne, in der man den Otter hielt. Doch wenn ich in sein Wasser blickte, war mir immer, als stürze Regen sich in alle Gullis der Stadt, nur um in dieses Becken zu münden und sein Tier zu speisen. Denn es war ein verwöhntes Tier, das hier behaust war und dem die leere, feuchte Grotte mehr als Tempel denn als Zufluchtsstätte diente. Es war das heilige Tier des Regenwassers. Ob es aber in dessen Abwässern und Wässern sich gebildet habe oder von seinen Strömen und von seinem

Rinnsale nur sich nähre, hätte ich nicht entscheiden können. Immer war es aufs äußerste beschäftigt, so als wenn es in seiner Tiefe unentbehrlich sei. Aber ich hätte liebe lange Tage die Stirne an sein Gatter legen können, ohne mich an ihm sattzusehen. Und auch darin bewies sich seine heimliche Verwandtschaft mit dem Regen. Denn niemals war der liebe lange Tag mir lieber, niemals länger, als wenn Regen mit seinen feinen oder groben Zähnen ihm langsam Stunden und Minuten strähnte. So folgsam wie ein kleines Mädchen beugte er den Scheitel unter diesen grauen Kamm. Und unersättlich sah ich ihm dann zu. Ich wartete. Nicht bis es nachließ. Sondern daß es mehr und immer üppiger herunterrausche. Ich hörte es an die Scheiben trommeln, aus den Traufen strömen und gurgelnd in die Abflußröhre niederrauschen. Im guten Regen war ich ganz geborgen. Und meine Zukunft rauschte er mir zu, wie man ein Schlaflied an der Wiege singt. Wie gut begriff ich, daß man in ihm wächst. In solchen Stunden hinterm trüben Fenster war ich bei dem Fischotter zu Hause. Doch eigentlich merkte ich das immer erst, wenn ich das nächste Mal vorm Zwinger stand. Dann mußte ich wieder lange warten, bis der schwarze gleißende Leib heraufschoß, um sogleich zu eiligen Geschäften hinabzuschnellen.

Blumeshof 12

Keine Klingel schlug freundlicher an. Hinter der Schwelle dieser Wohnung war ich geborgener als selbst in der elterlichen. Übrigens hieß es nicht Blumes-Hof, sondern Blumezoof, und es war eine riesige Plüschblume, die so, aus krauser Hülle, mir ins Gesicht fuhr. In ihrem Innern saß die Großmutter; die Mutter meiner Mutter. Sie war Witwe. Wenn man die alte Dame auf ihrem teppichbelegten und mit einer kleinen Balustrade verzierten Erker, welcher auf den Blumeshof herausging, besuchte, konnte man sich schwerlich denken, wie sie große Seefahrten oder gar Ausflüge in die Wüste unter Leitung von ›Stangens Reisen‹ unternommen hatte, an die sie sich alle paar Jahre anschloß. Madonna di Campiglio und Brindisi, Westerland und Athen und von wo sonst sie auf ihren Reisen Ansichtskarten schickte — in ihnen allen stand die Luft von

Blumeshof. Und die große, bequeme Hand-
schrift, die den Fuß der Bilder umspielte oder
sich in ihrem Himmel wölkte, zeigte sie so
ganz und gar von meiner Großmutter bewohnt,
daß sie zu Kolonien des Blumeshof wurden.
Wenn dann ihr Mutterland sich wieder auftat, betrat ich dessen Dielen so voll Scheu, als
hätten sie mit ihrer Herrin auf den Wellen
des Bosporus getanzt und als verberge sich in
den Persern noch der Staub von Samarkand.
Mit welchen Worten das unvordenkliche Gefühl von bürgerlicher Sicherheit umschreiben,
das von dieser Wohnung ausging? Das Inven-
tar in ihren vielen Zimmern würde heute keinem Trödler Ehre machen. Denn wenn auch
die Erzeugnisse der siebziger Jahre so viel
solider waren als die späteren des Jugend-
stils — das Unverwechselbare an ihnen war der
Schlendrian, mit dem sie dem Lauf der Zeit
die Dinge überließen und sich, was ihre Zukunft anbetraf, allein der Haltbarkeit des Ma-
terials und nirgends der Vernunftberechnung
anvertrauten. Das Elend konnte in diesen
Räumen keine Stelle haben, in denen ja nicht
einmal der Tod sie hatte. Es gab in ihnen

keinen Platz zum Sterben; darum starben ihre Bewohner in den Sanatorien, die Möbel aber kamen gleich im ersten Erbgang an den Händler. In ihnen war der Tod nicht vorgesehen. Darum erschienen sie bei Tage so gemütlich und wurden nachts der Schauplatz böser Träume. Das Stiegenhaus, das ich betrat, erwies sich als Wohnsitz eines Alps, der mich zuerst an allen Gliedern schwer und kraftlos machte, um schließlich, als mich nur noch wenige Schritte von der ersehnten Schwelle trennten, mich in Bann zu schlagen. Dergleichen Träume sind der Preis gewesen, mit dem ich die Geborgenheit erkaufte. Die Großmutter starb nicht im Blumeshof. Ihr gegenüber wohnte lange Zeit die Mutter meines Vaters, die schon älter war. Auch sie starb anderswo. So ist die Straße mir zum Elysium, zum Schattenreich unsterblicher, doch abgeschiedener Großmütter geworden. Und weil die Phantasie, wenn sie einmal den Schleier über eine Gegend geworfen hat, gern seine Ränder von unfaßlichen Launen sich kräuseln läßt, hat sie ein Kolonialwarengeschäft, das in der Nähe liegt, zu einem Denkmal des Großvaters gemacht, der Kaufmann war, nur weil sein Inhaber auch Georg hieß. Das Brustbild dieses Frühverstorbenen hing lebensgroß und als Pendant zu jenem seiner Frau im Flur, der zu den abgelegeneren Teilen der Wohnung führte. Wechselnde Gelegenheiten riefen sie ins Leben. Der Besuch einer verheirateten Tochter eröffnete ein längst außer Gebrauch gekommenes Spindenzimmer; ein anderes Hinterzimmer nahm mich auf, wenn die Erwachsenen Mittagsruhe hielten; ein drittes war es, aus dem das Scheppern der Nähmaschine an den Tagen drang, an denen eine Schneiderin ins Haus kam. Der wichtigste von diesen abgelegenen Räumen war für mich die Loggia, sei es, weil sie, bescheidener möbliert, von den Erwachsenen weniger geschätzt war, sei es, weil gedämpft der Straßenlärm heraufdrang, sei es, weil sie mir den Blick auf fremde Höfe mit Portiers, Kindern und Leierkastenmännern freigab. Es waren übrigens mehr Stimmen als Gestalten, die von der Loggia sich eröffneten. Auch war das Viertel vornehm und das Treiben auf seinen Höfen niemals sehr bewegt; etwas von der Gelassenheit der Reichen, für die die Arbeit hier verrichtet wurde, hatte sich dieser selber mitgeteilt, und alles schien bereit, ganz unversehens in tiefen Sonntagsfrieden zu verfallen. Darum war der Sonntag der Tag der Loggia. Der Sonntag, den die andern Räume, die wie schadhaft waren, nie ganz fassen konnten, denn er sickerte durch sie hindurch — allein die Loggia, die auf den Hof mit seinen Teppichstangen und den andern Loggien hinausging, faßte ihn, und keine Schwingung der Glockenfracht, mit der die Zwölf-Apostel- und die Matthäi-Kirche sie beluden, glitt von ihr hinab, sondern bis Abend blieben sie dort aufgestapelt. Die Zimmer dieser Wohnung waren nicht nur zahlreich, sondern zum Teil sehr ausgedehnt. Der Großmutter auf ihrem Erker guten Tag zu sagen, wo neben ihrem Nähkorb dann sehr bald Obst oder Schokolade vor mir stand, mußte ich durch das riesige Speisezimmer, um dann das Erkerzimmer zu durchwandern.

Aber der erste Weihnachtsfeiertag erst zeigte, wozu denn eigentlich diese Räume geschaffen waren. Freilich war der Beginn des großen Festes alljährlich mit einer sonderbaren

Schwierigkeit verbunden. Die langen Tafeln nämlich, welche der Bescherung dienten, waren der Menge der Beschenkten wegen dicht bestellt. Es war da nicht nur die Familie in allen ihren Verzweigungen bedacht; auch die Bedienung hatte ihre Plätze unterm Baum und neben der jeweiligen auch die alte, die schon im Ruhestande war. So nahe darum Platz an Platz stieß, war man nie vor unvorhergesehenen Gebietsverlusten sicher, wenn nachmittags, nach Schluß des großen Essens noch einem alten Faktotum oder dem Portierkind aufzudecken, war. Aber nicht darin lag die Schwierigkeit, sondern zu Anfang, wenn die Flügeltür sich auftat. Im Hintergrund des großen Zimmers glitzerte der Baum. An den langen Tafeln war keine Stelle, von der nicht zumindest ein bunter Teller mit dem Marzipan und seinen Tannenzweigen lockte; dazu winkten von vielen Spielsachen und Bücher. Besser, nicht zu genau sich auf sie einzulassen. Ich hätte mir den Tag verderben können, wenn ich mich vorschnell auf Geschenke stimmte, die dann rechtmäßiger Besitz von andern wurden. Dem zu entgehen, blieb ich auf der Schwelle wie angewurzelt stehen, auf den Lippen ein Lächeln, von dem keiner hätte sagen können, ob der Glanz des Baumes es in mir erweckte oder aber der der mir bestimmten Gaben, denen ich mich, überwältigt, nicht zu nahen wagte. Aber am Ende war es ein Drittes, was tiefer als die vorgetäuschten Gründe und sogar als mein echter mich bestimmte. Denn noch gehörten die Geschenke dort ein wenig mehr dem Geber als mir selbst. Sie waren spröde; groß war meine Angst, sie ungeschickt vor aller Augen anzufassen. Erst draußen auf der Diele, wo das Mädchen sie uns mit Packpapier umwickelte und ihre Form in Bündeln und Kartons verschwunden war, um uns an ihrer Statt als Bürgschaft ihr Gewicht zu hinterlassen, waren wir ganz der neuen Habe sicher. Das war nach vielen Stunden. Wenn wir dann, die Sachen fest eingeschlagen und verschnürt am Arm, in die Dämmerung hinaustraten, die Droschke vor der Haustür wartete, der Schnee unangetastet auf Gesimsen und Staketen, getrübter auf dem Pflaster lag, vom Lützowufer her Geklingel eines Schlittens anging und die Gaslaternen, die eine nach der andern sich erhellten, den Gang des Laternenanzünders verrieten, der auch an diesem süßen Feiertagabend seine Stange hatte schultern müssen — dann war die Stadt so in sich selbst versunken wie ein Sack, der schwer von mir und meinem Glück war.

Die Mummerehlen

In einem alten Kirchenverse kommt die Muhme Rehlen vor. Weil mir nun ›Muhme‹ nichts sagte, wurde dies Geschöpf für mich zu einem Geist: der Mummerehlen. Das Mißverstehen verstellte mir die Welt. Jedoch auf gute Art; es wies die Wege, die in ihr Inneres führten. Ein jeder Anstoß war ihm recht.
So wollte der Zufall, daß in meinem Beisein einmal von Kupferstichen war gesprochen worden. Am Tag darauf steckte ich unterm Stuhl den Kopf hervor: das war ein ›Kopf-verstich‹. Wenn ich dabei mich und das Wort entstellte, tat ich nur, was ich tun mußte, um im Leben Fuß zu fassen. Beizeiten lernte ich es, in die Worte, die eigentlich Wolken waren, mich zu mummen. Die Gabe, Ähnlichkeiten zu erkennen, ist ja nichts als ein schwaches Über-bleibsel des alten Zwangs, ähnlich zu werden und sich zu verhalten. Den aber übten Worte

auf mich aus. Nicht solche, die mich Mustern der Gesittung, sondern Wohnungen, Möbeln, Kleidern ähnlich machten.

Nur meinem eigenen Bilde nie. Und darum wurde ich so ratlos, wenn man Ähnlichkeit mit mir selbst von mir verlangte. Das war beim Photographen. Wohin ich blickte, sah ich mich umstellt von Leinwandschirmen, Polstern, Sockeln, die nach meinem Bilde gierten wie die Schatten des Hades nach dem Blut des Opfertieres. Am Ende brachte man mich einem roh gepinselten Prospekt der Alpen dar, und meine Rechte, die ein Gemsbarthütlein erheben mußte, legte auf die Wolken und Firnen der Bespannung ihren Schatten. Doch das gequälte Lächeln um den Mund des kleinen Älplers ist nicht so betrübend wie der Blick, der aus dem Kinderantlitz, das im Schatten der Zimmerpalme liegt, sich in mich senkt. Sie stammt aus einem jener Ateliers, welche mit ihren Schemeln und Stativen, Gobelins und Staffeleien etwas vom Boudoir und von der Folterkammer haben. Ich stehe barhaupt da; in meiner Linken einen gewaltigen Sombrero, den ich mit einstudierter Grazie hängen lasse.

Die Rechte ist mit einem Stock befaßt, dessen gesenkter Knauf im Vordergrund zu sehen ist, indessen sich sein Ende in einem Büschel von Pleureusen birgt, die sich von einem Gartentisch ergießen. Ganz abseits, neben der Portière, stand die Mutter starr, in einer engen Taille. Wie eine Schneiderfigurine blickt sie auf meinen Samtanzug, der seinerseits mit Posamenten überladen und von einem Modeblatt zu stammen scheint. Ich aber bin entstellt vor Ähnlichkeit mit allem, was hier um mich ist. Ich hauste so wie ein Weichtier in der Muschel haust im neunzehnten Jahrhundert, das nun hohl wie eine leere Muschel vor mir liegt. Ich halte sie ans Ohr.

Was höre ich? Ich höre nicht den Lärm von Feldgeschützen oder von Offenbachscher Ballmusik, auch nicht das Heulen der Fabriksirenen oder das Geschrei, das mittags durch die Börsensäle gellt, nicht einmal Pferdetrappeln auf dem Pflaster oder die Marschmusik der Wachtparade. Nein, was ich höre, ist das kurze Rasseln des Anthrazits, der aus dem Blechbehälter in einen Eisenofen niederfällt, es ist der dumpfe Knall, mit dem die Flamme des

Gasstrumpfs sich entzündet, und das Klirren der Lampenglocke auf dem Messingreifen, wenn auf der Straße ein Gefährt vorbeikommt. Noch andere Geräusche, wie das Scheppern des Schlüsselkorbs, die beiden Klingeln an der Vorder- und der Hintertreppe; endlich ist auch ein kleiner Kindervers dabei. ›Ich will dir was erzählen von der Mummerehlen.‹

Das Verschen ist entstellt; doch hat die ganze entstellte Welt der Kindheit darin Platz. Die Muhme Rehlen, die einst in ihm saß, war schon verschollen, als ich es zuerst gesagt bekam. Die Mummerehlen aber war noch schwerer aufzuspüren. Gelegentlich vermutete ich sie im Affen, welcher auf dem Tellergrund im Dunst von Graupen oder Sago schwamm. Ich aß die Suppe, um ihr Bild zu klären. Im Mummelsee war sie vielleicht zu Haus und seine trägen Wasser lagen ihr wie eine graue Pelerine an. Was man von ihr erzählt hat — oder mir wohl nur erzählen wollte —, weiß ich nicht. Sie war das Stumme, Lockere, Flockige, das gleich dem Schneegestöber in den kleinen Glaskugeln sich im Kern der Dinge wölkt. Manchmal wurde ich darin umgetrieben. Das war, wenn ich beim Tuschen saß. Die Farben, die ich dann mischte, färbten mich. Noch ehe ich sie an die Zeichnung legte, vermummten sie mich selber. Wenn sie feucht auf der Palette ineinander- schwammen, nahm ich sie so behutsam auf den Pinsel, als seien sie zerfließendes Gewölk.

Von allem aber, was ich wiedergab, war mir das China-Porzellan am liebsten. Ein bunter Schorf bedeckte jene Vasen, Gefäße, Teller, Dosen, die gewiß nur billige Exporterzeug- nisse waren. Mich fesselten sie dennoch so, als hätte ich damals die Geschichte schon gekannt, die mich nach so viel Jahren noch einmal zum Werk der Mummerehlen hingeleitet. Sie stammt aus China und erzählt von einem alten Maler, der den Freunden sein neuestes Bild zu sehen gab. Ein Park war darauf dargestellt, ein schmaler Weg am Wasser und durch einen Baumbelag hin, der lief vor einer kleinen Türe aus, die hinten in ein Häuschen Einlaß bot. Wie sich die Freunde aber nach dem Maler umsahen, war der fort und in dem Bild. Da wandelte er auf dem schmalen Weg zur Tür, stand vor ihr still, kehrte sich um, lächelte und verschwand in ihrem Spalt. So war auch ich

bei meinen Näpfen und den Pinseln auf einmal ins Bild entstellt. Ich ähnelte dem Porzellan, in das ich mit einer Farbenwolke Einzug
hielt.

Die Farben

In unserem Garten gab es einen verlassenen, morschen Pavillon. Ich liebte ihn der bunten Fenster wegen. Wenn ich in seinem Innern von Scheibe zu Scheibe strich, verwandelte ich mich; ich färbte mich wie die Landschaft, die bald lohend und bald verstaubt, bald schwelend und bald üppig im Fenster lag. Es ging mir wie beim Tuschen, wo die Dinge mir ihren Schoß auftaten, sobald ich sie in einer feuchten Wolke überkam. Ähnliches begab sich mit Seifenblasen. Ich reiste in ihnen durch die Stube und mischte mich ins Farbenspiel der Kuppel, bis sie zersprang. Am Himmel, mit einem Schmuckstück, in einem Buch verlor ich mich an Farben. Kinder sind ihre Beute auf allen Wegen. Man konnte damals Schokolade in zierlichen kreuzweis gebündelten Päckchen kaufen, in denen jedes Täfelchen für sich in farbiges Stanniolpapier verpackt war. Das kleine Bauwerk, dem ein rauher Goldfaden seinen Halt gab, prunkte mit grün und gold, blau und orange, rot und silber; nirgends stießen zwei gleich verpackte Stücke aneinander. Aus diesem funkelnden Verhau brachen die Farben eines Tages auf mich herein, und ich spüre die Süßigkeit noch, an der mein Auge sich damals vollsog. Es war die Süßigkeit der Schokolade, mit der sie mir mehr im Herzen als auf der Zunge zergehen wollten. Denn ehe ich den Lockungen des Naschwerks erlegen war, hatte der höhere Sinn mit einem Schlage den niederen in mir überflügelt und mich entrückt.

Gesellschaft

Meine Mutter hatte ein Schmuckstück von
ovaler Form. Es war so groß, daß man es
auf der Brust nicht tragen konnte, und so erschien es jedesmal, wenn sie es antat, an ihrem
Gürtel. Sie trug es aber, wenn sie in Gesellschaft ging; zu Haus nur, wenn wir selber eine
gaben. Es prunkte mit einem großen, blitzen-
den und gelben Stein, der die Mitte war, und
einer Anzahl mäßig großen, die in allen Farben — grün, blau, gelb, rosa, purpurn — ihn
umstanden. Dies Schmuckstück war, sooft ich
es erblickte, mein Entzücken. Denn in den
tausend kleinen Feuern, die aus seinen Rändern schossen, saß, mir vernehmlich, eine Tanz-
musik. Die wichtige Minute, da die Mutter es
der Schatulle, wo es lag, entnahm, ließ seine
Doppelmacht zum Vorschein kommen: es war
mir die Gesellschaft, deren Sitz in Wahrheit
auf der Schärpe meiner Mutter war; es war

mir aber auch der Talisman, der sie vor allem Bösen schützte, das von draußen bedrohlich für sie werden konnte. In seinem Schutze war auch ich geborgen. Nur konnte er nicht hindern, daß ich selbst an solchen Abenden zu Bett gehn mußte. Doppelt verdroß mich das, wenn bei uns selbst Gesellschaft war. Doch drang sie über meine Schwelle, und ich stand in dauerndem Rapport mit ihr, sobald das erste Klingelzeichen erschollen war. Für eine Weile setzte aber die Klingel dem Korridor fast unablässig zu. Nicht weniger beängstigend, weil sie kürzer, präziser anschlug als an andern Tagen. Mich täuschte sie darüber nicht, daß sich ein Anspruch in ihr verlautbarte, der weiter ging als der, mit dem sie sonst sich geltend machte. Und dem entsprach es, daß das Öffnen diesmal im Augenblick und lautlos vor sich ging. Dann kam die Zeit, in welcher die Gesellschaft, kaum daß sie sich zu bilden begonnen hatte, am Verenden schien. In Wahrheit hatte sie sich nur in die entfernteren Räume zurückgezogen, um dort im Brodeln und im Bodensatz der vielen Schritte und Gespräche zu verschwinden wie ein Ungeheuer, das, kaum hat es die Brandung angespült, im feuchten Schlamm der Küste Zuflucht sucht. Und da der Abgrund, der es ausgeworfen hatte, der meiner Klasse war, so machte ich mit ihr an solchen Abenden zuerst Bekanntschaft. Geheuer kam sie mir nicht vor. Von dem, was jetzt die Zimmer füllte, spürte ich, daß es ungreifbar, glatt und stets bereit war, die zu erwürgen, die es jetzt umspielte; blind gegen seine Zeit und seinen Ort, blind bei der Nahrungssuche, blind im Handeln. Das spiegelblanke Frackhemd, das mein Vater an diesem Abend hatte, kam mir nun ganz wie ein Panzer vor, und in dem Blick, den er vor einer Stunde über die noch menschenleeren Stühle hatte schweifen lassen, entdeckte ich jetzt das Gewappnete. Inzwischen war ein Rauschen bei mir eingedrungen; das Unsichtbare war erstarkt und ging daran, an allen Gliedern mit sich selbst sich zu bereden. Es horchte auf sein eignes dumpfes Raunen wie man in eine Muschel horcht, es ging wie Laub im Winde mit sich selbst zu Rate, es knisterte wie Scheiter im Kamin und sank dann lautlos in sich selbst zusammen. Jetzt war der Augenblick gekommen, da ich es bereute, noch vor wenigen Stunden dem Unberechenbaren seinen Weg gebahnt zu haben. Das war mit einem Griff geschehen, durch den der Eßtisch sich auseinandertat und eine Platte, in zwei Scharnieren aufgeklappt, den Raum zwischen den Hälften derart überbrückte, daß dreißig Leute an ihr unterkamen. Dann hatte ich beim Decken helfen dürfen. Und nicht nur, daß Gerätschaften dabei durch meine Hände gingen, die mich ehrten — die Hummergabeln oder Austernmesser —, auch die geläufigen des Alltags traten in feierlicher Spielart in Erscheinung. Die Gläser in Gestalt der grünen Römer, der kurzen, scharfgeschliffenen Portweinkelche, der filigranbesäten Schalen für den Sekt; die Näpfe für das Salz als Silberfäßchen; die Pfropfen auf den Flaschen in Gestalt schwerer metallener Gnome oder Tiere. Endlich geschah es, daß ich auf das eine der vielen Gläser jedes Tischgedecks die Karte legen durfte, die dem Gast den Platz angab, der auf ihn wartete. Mit diesem Kärtchen hatte ich das Werk bekrönt, und wenn ich nun zuletzt bewundernd die Runde um die ganze Tafel machte, vor der

nur noch die Stühle fehlten — dann erst durchdrang mich tief das kleine Friedenszeichen,
das mir von allen ihren Tellern winkte. Korn-
blumen waren es, die das Service aus makel-
losem Porzellan mit einem kleinen Muster
überzogen: ein Friedenszeichen, dessen Süßigkeit allein der Blick ermessen konnte, der vertraut mit jenem kriegerischen war, das ich an
allen anderen Tagen vor mir hatte. Ich denke
an das blaue Zwiebelmuster. Wie oft hatte ich
es im Lauf der Fehden, deren Entscheidungs-
schlachten um den gleichen Tisch tobten, der
jetzt so schimmernd vor mir lag, um Beistand
angefleht. Unzählige Male war ich seinen
Zweigen und Fädchen, Blüten und Voluten
nachgegangen, hingebender als zu dem schön-
sten Bild. Nie hatte man um Freundschaft
rückhaltloser sich beworben als ich um die des
dunkelblauen Zwiebelmusters. Ich hätte es so
gern zum Verbündeten in dem ungleichen
Kampf gehabt, der mir das Mittagessen oft
verbitterte. Doch das gelang mir nie. Dieses
Muster war käuflich wie ein General aus
China, welches denn auch an seiner Wiege gestanden hatte. Die Ehrungen, mit denen es von

meiner Mutter überhäuft ward, die Paraden, zu denen sie die Mannschaft einberief, die Totenklagen, die aus der Küche jedem Glied der Truppe, das gefallen war, nachhallten, machten meine Werbungen zunichte. Denn kalt und kriechend hielt das Zwiebelmuster meinen Blicken stand und hätte nicht das kleinste seiner Blättchen detachiert, um mich zu decken. Der feierliche Anblick dieser Tafel befreite mich von der fatalen Zeichnung und das allein hätte genügt, mich zu entzücken. Doch je näher der Abend rückte, desto mehr umflorte sich jenes Leuchtende und Selige, das er mir mittags noch versprochen hatte. Und wenn dann meine Mutter, trotzdem sie im Hause blieb, nur flüchtig eintrat, um mir gute Nacht zu sagen, dann fühlte ich verdoppelt, welch Geschenk sie sonst mir um die Zeit aufs Deckbett legte: das Wissen um die Stunden, die für sie der Tag noch hatte und das ich getrost, wie einst die Puppe, in den Schlummer mitnahm. Es waren diese Stunden, die ihr heimlich, und ohne daß sie es wußte, in die Falten der Decke fielen, die sie mir zurechtzog und eben diese Stunden, welche selbst an

Abenden, da sie im Fortgehn war, mich tröste-
ten, wenn sie in der Gestalt der schwarzen
Spitzen ihres Kopftuchs, das sie schon umge-
nommen hatte, mich berührten. Ich liebte es,
und darum ließ ich sie nicht gerne gehn, und
jede Spanne Zeit, die ich im Schatten dieses
Kopftuchs und in Nachbarschaft des gelben
Steins gewann, beglückte mich mehr als die
Knallbonbons, die mir am nächsten Morgen
sicher waren. Wenn dann von draußen mein
Vater nach ihr rief, erfüllte bei ihrem Auf-
bruch mich nur noch der Stolz, so glänzend sie
in die Gesellschaft zu entlassen. Und ohne es
zu kennen, spürte ich in meinem Bett, kurz
bevor ich einschlief, die Wahrheit eines kleinen Rätselworts: ›Je später auf den Abend,
desto schöner die Gäste.‹

Der Lesekasten

Nie wieder können wir Vergessenes ganz zu-
rückgewinnen. Und das ist vielleicht gut. Der
Choc des Wiederhabens wäre so zerstörend,
daß wir im Augenblick aufhören müßten, unsere Sehnsucht zu verstehn. So aber verstehn
wir sie, und um so besser, je versunkener das
Vergessene in uns liegt. Wie das verlorene
Wort, das eben noch auf unsern Lippen lag,
die Zunge uns zu demosthenischer Beflügelung
lösen würde, so scheint uns das Vergessene
schwer vom ganzen gelebten Leben, das es uns
verspricht. Vielleicht ist, was Vergessenes so
beschwert und trächtig macht, nichts anderes
als ein Rest verschollener Gewohnheit, in die
wir uns nicht mehr finden könnten. Vielleicht
ist seine Mischung mit den Stäubchen unserer
zerfallenen Gehäuse das Geheimnis, aus dem
es überdauert. Wie dem auch sei — für jeden
gibt es Dinge, die dauerhaftere Gewohnheiten

in ihm entfalteten als alle andern. An ihnen formen sich die Fähigkeiten, die für sein Dasein mitbestimmend werden. Und weil das, was mein eigenes angeht, Lesen und Schreiben waren, weckt von allem, was mir in frühern Jahren unterkam, nichts größere Sehnsucht als der Lesekasten. Er enthielt auf kleinen Täfelchen die Schreibschriftlettern, die jünger und auch mädchenhafter waren als die gedruckten. Sie betteten sich schlank aufs schräge Lager, jede einzelne vollendet, und in ihrer Reihenfolge gebunden durch die Regel ihres Ordens, das Wort, dem sie als Schablone angehörten. Ich bewunderte, wie soviel Anspruchslosigkeit vereint mit soviel Herrlichkeit bestehen könne. Es war ein Gnadenstand. Und meine Rechte, die sich gehorsam um ihn mühte, fand ihn nicht. Sie mußte draußen wie der Pförtner sitzen, der die Erwählten durchzulassen hat. So war ihr Umgang mit den Lettern voll Entsagung. Die Sehnsucht, die er mir erweckt, beweist, wie sehr er eins mit meiner Kindheit gewesen ist. Was ich in Wahrheit in ihm suche, ist sie selbst: die ganze Kindheit, wie sie in dem Griff gelegen hat, mit dem die Hand die

Lettern in die Leiste schob, in welcher sie sich aneinanderreihten. Die Hand kann ihn noch träumen, aber nie erwachen, um ihn wirklich zu vollziehn. So mag manch einer davon träumen, wie er das Gehn gelernt hat. Doch das hilft ihm nichts. Nun kann er gehen; gehen lernen nie mehr.

Das Karussell

Das Brett mit den dienstbaren Tieren rollt
dicht überm Boden. Es hat die Höhe, in der
man am besten zu fliegen träumt. Musik setzt
ein, und ruckweis rollt das Kind von seiner
Mutter fort. Erst hat es Angst, die Mutter zu
verlassen. Dann aber merkt es, wie es selber
treu ist. Es thront als treuer Herrscher über
einer Welt, die ihm gehört. In der Tangente
bilden Bäume und Eingeborene Spalier. Da
taucht, in einem Orient, wiederum die Mutter
auf. Danach tritt aus dem Urwald ein Wipfel,
wie ihn das Kind schon vor Jahrtausenden,
wie es ihn eben erst im Karussell gesehen hat.
Sein Tier ist ihm zugetan: Wie ein stummer
Arion fährt es auf seinem stummen Fisch dahin, ein hölzerner Stier-Zeus entführt es als
makellose Europa. Längst ist die ewige Wiederkehr aller Dinge Kinderweisheit geworden und das Leben ein uralter Rausch der

Herrschaft mit dem dröhnenden Orchestrion in der Mitte. Spielt es langsamer, fängt der Raum an zu stottern und die Bäume beginnen sich zu besinnen. Das Karussell wird unsicherer Grund. Und die Mutter taucht auf, der vielfach gerammte Pfahl, um den das landende Kind das Tau seiner Blicke wickelt.

Das Fieber

Das lehrte stets von neuem der Beginn von jeder Krankheit, mit wie sicherem Takt, wie schonend und gewandt das Mißgeschick sich bei mir einfand. Aufsehn zu erregen, lag ihm fern. Mit ein paar Flecken auf der Haut, mit einer Übelkeit begann es. Und es war, als sei die Krankheit durchaus gewohnt, sich zu gedulden, bis ihr vom Arzt Quartier bereitet worden sei. Der kam, besah mich und legte Wert darauf, daß ich das Weitere im Bett erwarte. Lesen verbot er mir. Ohnehin hatte ich Wichtigeres zu tun. Denn nun begann ich, was kommen mußte, durchzugehen, solange es noch Zeit und mir im Kopfe nicht zu wirr war. Ich maß den Abstand zwischen Bett und Tür und fragte mich, wie lange noch mein Rufen ihn überbrücken könne. Ich sah im Geist den Löffel, dessen Rand die Bitten meiner Mutter besiedelten, und wie, nachdem er meinen

Lippen erst so schonungsvoll genähert worden war, mit einemmal sein wahres Wesen durchbrach, indem er mir die bittere Medizin gewaltsam in die Kehle schüttete. Wie ein Mann im Rausch bisweilen rechnet und denkt, nur um zu sehen: er kann es noch, so zählte ich die Sonnenkringel, die an meiner Zimmerdecke schwankten, und die Rauten der Tapete ordnete ich zu immer neuen Bündeln.

Ich bin viel krank gewesen. Daher stammt vielleicht, was andere als Geduld an mir bezeichnen, in Wahrheit aber keiner Tugend ähnelt: die Neigung, alles, woran mir liegt, von weitem sich mir nahen zu sehen wie meinem Krankenbett die Stunden. So kommt es, daß an einer Reise mir die beste Freude fehlt, wenn ich den Zug nicht auf dem Bahnhof lang erwarten konnte, und ebenfalls rührt daher, daß Beschenken zur Leidenschaft bei mir geworden ist; denn was den andern überrascht, das sehe, als Geber, ich von langer Hand voraus. Ja, das Bedürfnis, durch die Wartezeit so wie ein Kranker durch die Kissen, die er im Rücken hat, gestützt, dem Kommenden entgegenzusehen, hat bewirkt, daß späterhin mir Frauen

um so schöner schienen, je getroster und länger
ich auf sie zu warten hatte. Mein Bett, das
sonst der Ort des eingezogensten und stillsten
Daseins gewesen war, kam nun zu öffentlichem
Rang und Ansehen. Auf lange war es nicht
mehr das Revier heimlicher Unternehmungen
am Abend: des Schmökerns oder meines Ker-
zenspiels. Unter dem Kissen lag nicht mehr
das Buch, das sonst allnächtlich nach verbote-
nem Brauch mit letzter Kraft dort hingescho-
ben wurde. Und auch die Lavaströme und die
kleinen Brandherde, welche das Stearin zum
Schmelzen brachten, fielen in diesen Wochen
fort. Ja, vielleicht raubte die Krankheit mir im
Grunde nichts als jenes atemlose, schweigsame
Spiel, das niemals frei von einer geheimen
Angst für mich gewesen war — Vorbotin jener
späteren, die ein gleiches Spiel am gleichen
Rand der Nacht begleitete. Die Krankheit
hatte kommen müssen, um mir ein reinliches
Gewissen zu verschaffen. Das aber war so
frisch wie jede Stelle des faltenlosen Lakens,
das mich abends, wenn aufgebettet worden
war, erwartete.
Meist machte meine Mutter mir das Bett. Vom

Diwan aus verfolgte ich, wie sie die Kissen und Bezüge schüttelte, und dachte dabei an die Abende, an denen ich gebadet worden war und dann auf einem Porzellantablett das Abendbrot ans Bett bekommen hatte. Durch ein Gestrüpp von wilden Himbeerranken drang, hinter der Glasur, ein Weib, bemüht, dem Wind ein Banner mit dem Wahlspruch preiszugeben:

›Komm nach Osten, komm nach Westen,
zu Haus ist's am besten.‹

Und die Erinnerung an das Abendbrot und an die Himbeerranken war um so viel angenehmer, als der Körper auf immer sich erhaben über das Bedürfnis, etwas zu verzehren, vorkam. Dafür gelüstete ihn nach Geschichten. Die starke Strömung, welche sie erfüllte, ging durch ihn selbst hindurch und schwemmte Krankes wie Treibgut mit sich fort. Schmerz war ein Staudamm, welcher der Erzählung nur anfangs widerstand; er wurde später, wenn sie erstarkt war, unterwühlt und in den Abgrund der Vergessenheit gespült. Das Streicheln bahnte diesem Strom sein Bett. Ich liebte es, denn in der Hand der Mutter rieselten schon Geschichten, welche bald in Fülle ihrem Mund entströmen sollten. Mit ihnen kam das Wenige ans Licht, was ich von meinen Vorfahren erfuhr. Die Laufbahn eines Ahnen, Lebensregeln des Großvaters beschwor man mir herauf, als wolle man mir so begreiflich machen, wie übereilt es sei, der großen Trümpfe, die ich dank meiner Abkunft in der Hand hielt, durch einen frühen Tod mich zu entäußern. Wie nah ich ihm gekommen war, das prüfte zweimal am Tage meine Mutter nach. Behutsam ging sie mit dem Thermometer sodann auf Fenster oder Lampe zu und handhabte das schmale Röhrchen so, als sei mein Leben darin eingeschlossen.

Später, als ich heranwuchs, war für mich die Gegenwart des Seelischen im Leib nicht schwieriger zu enträtseln als der Stand des Lebensfadens in der kleinen Röhre, in der er immer meinem Blick entglitt. Gemessen werden strengte an. Danach blieb ich am liebsten ganz allein, um mich mit meinen Kissen abzugeben. Denn mit den Graten meiner Kissen war ich zu einer Zeit vertraut, in der mir Hügel und Berge noch nicht viel zu sagen hatten. Ich steckte ja mit den Gewalten, welche jene erstehen ließen, unter einer Decke. So richtete ich's manchmal ein, daß sich in diesem Bergwall eine Höhle auftat. Ich kroch hinein; ich zog die Decke über den Kopf und hielt mein Ohr dem dunklen Schlunde hin, die Stille ab und zu mit Worten speisend, die als Geschichten aus ihr wiederkehrten. Bisweilen mischten sich die Finger ein und führten selber einen Vorgang auf; oder sie machten ›Kaufhaus‹ miteinander, und hinterm ›Tisch‹, der von den Mittelfingern gebildet wurde, nickten die zwei kleinen dem Kunden, der ich selbst war, eifrig zu.

Doch immer schwächer wurde meine Lust und auch die Macht, ihr Spiel zu überwachen. Zuletzt verfolgte ich fast ohne Neugier das Treiben meiner Finger, die wie träges, verfängliches Gesindel sich im Weichbilde einer Stadt zu schaffen machten, die ein Brand verzehrte. Nicht möglich, ihnen übern Weg zu trauen. Denn hatten sie in Unschuld sich vereint — nie war man sicher, daß nicht beide Trupps, lautlos, wie sie sich eingefunden hatten, ein jeder wieder seines Weges gingen. Und der war

manchmal ein verbotener, an dessen Ende eine
süße Rast den Ausblick auf die lockenden Ge-
sichte freigab, die in dem Flammenschleier
sich bewegten, der hinter den geschlossenen
Lidern stand. Denn aller Sorgfalt oder Liebe
glückte nicht, das Zimmer, wo mein Bett stand,
lückenlos dem Leben unseres Hausstands an-
zuschließen. Ich mußte warten, bis der Abend
kam. Dann, wenn die Tür sich vor der Lampe
auftat und sich die Wölbung ihrer Glocke
schwankend über die Schwelle auf mich zu bewegte, war es, als ob die goldene Lebenskugel,
die jede Tagesstunde wirbeln ließ, zum erstenmal den Weg in meine Kammer, wie in ein
abgelegenes Fach, gefunden hätte. Und eh der
Abend sich's noch selber recht bei mir hatte
wohl sein lassen, fing für mich ein neues Leben
an; vielmehr das alte des Fiebers blühte unterm Lampenlicht von einem Augenblick zum
andern auf.

Nichts als der Umstand, daß ich lag, erlaubte
mir, einen Vorteil aus dem Licht zu ziehen,
den andere nicht so schnell gewinnen konnten.
Ich nutzte meine Ruhe und die Nähe der
Wand, die ich in meinem Bette hatte, das Licht

mit Schattenbildern zu begrüßen. Nun kamen alle jene Spiele, welche ich meinen Fingern freigegeben hatte, noch einmal unbestimmter, stattlicher, verschlossener auf der Tapete wieder. ›Statt sich vor dem Schatten des Abends zu fürchten‹, so stand es in meinem Spielbuch, ›benutzen ihn lustige Kinder vielmehr, um sich einen Spaß zu machen.‹ Und bilderreiche Anweisungen folgten, nach denen man Steinbock und Grenadier, Schwan und Kaninchen an die Bettwand hätte werfen können. Mir selbst gedieh es freilich selten über den Rachen eines Wolfes hinaus. Nur war er dann so groß und klaffend, daß er den Fenriswolf bedeuten mußte, den ich als Weltvernichter in dem gleichen Raum sich in Bewegung setzen ließ, in dem man mich selbst der Kinderkrankheit streitig machte.

Eines Tages zog sie dann ab. Die nahende Genesung lockerte, wie die Geburt, Bindungen, die das Fieber noch einmal schmerzhaft angezogen hatte. Dienstboten fingen an, in meinem Dasein die Mutter wieder öfter zu vertreten. Und eines Morgens gab ich mich von neuem nach langer Pause und mit schwacher Kraft dem Teppichklopfen hin, das durch die Fenster heraufdrang und dem Kinde tiefer sich ins Herz grub als dem Mann die Stimme der Geliebten, dem Teppichklopfen, welches das Idiom der Unterschicht war, wirklicher Erwachsener, das niemals abbrach, bei der Sache blieb, sich manchmal Zeit ließ, träg und abgedämpft zu allem sich bereitfand, manchmal wieder in einen unerklärlichen Galopp fiel, als spute man sich drunten vor dem Regen.

Unmerklich, wie die Krankheit zu Beginn sich mit mir eingelassen hatte, schied sie auch. Doch wenn ich im Begriff war, sie schon wieder ganz zu vergessen, dann erreichte mich ein letzter Gruß von ihr auf meinem Zeugnis. Die Summe der versäumten Stunden war an seinem Fuß verzeichnet. Keineswegs erschienen sie mir grau, eintönig wie die, denen ich gefolgt war, sondern gleich bunten Streifchen an der Brust des Invaliden standen sie gereiht. Ja eine lange Reihe Ehrenzeichen versinnlichte in meinen Augen der Vermerk: Gefehlt — einhundertdreiundsiebzig Stunden.

Zwei Blechkapellen

Nie mehr hat Musik etwas derart Entmenschtes, Schamloses besessen wie die des Militärorchesters, das den Strom von Menschen temperierte, der sich zwischen den Kaffeerestaurationen des ›Zoo‹ die ›Lästerallee‹ entlangschob. Heute erkenne ich, was die Gewalt dieser Strömung ausmachte. Für den Berliner gab es keine höhere Schule des Flirts als diese, die umgeben war von den Sandplätzen der Gnus und Zebras, den kahlen Bäumen und Rissen, wo die Aasgeier und die Kondore nisteten, den stinkenden Wolfsgattern und den Brutplätzen der Pelikane und Reiher. Die Rufe und die Schreie dieser Tiere mischten sich mit dem Lärm der Pauken und des Schlagzeugs. Das war die Luft, in der zum erstenmal der Blick des Knaben einer Vorübergehenden sich anzudrängen suchte, während er um so eifriger zu seinem Freund sprach. Und derart angestrengt war sein Bestreben, weder im Tonfall noch im Blick sich zu verraten, daß er von der Vorübergehenden nichts sah.

Viel früher hat er eine andre Blechmusik gekannt. Und wie verschieden waren beide: diese, die sich schwül und lockend im Laub- und Zeltdach wiegte, und jene ältere, die blank und schmetternd in der kalten Luft wie unter einem dünnen Glassturz stand. Sie lockte von der Rousseau-Insel und beschwingte die Schlittschuhläufer auf dem Neuen See zu ihren Schleifen und zu ihren Bögen. Auch ich war unter ihnen, lange eh ich die Herkunft dieses Inselnamens, von den Schwierigkeiten seiner Schreibart ganz zu schweigen, mir träumen ließ. Durch ihre Lage war diese Eisbahn keiner andern zu vergleichen, und mehr noch durch ihr Leben in den Jahreszeiten. Denn was machte der Sommer aus den andern? Tennisplätze. Hier jedoch erstreckte unter den weit überhängenden Ästen der Uferbäume sich derselbe See, der mich, gerahmt, im dunklen Speisezimmer bei meiner Großmutter erwartete. Denn man malte ihn damals gern mit seinen labyrinthischen

Wasserläufen. Und nun glitt man beim Klang eines Wiener Walzers unter den gleichen Brücken hin, an deren Brüstung gelehnt im Sommer man der trägen Fahrt der Boote durch das dunkle Wasser zusah. Verschlungene Wege gab es in der Nähe und vor allem die abgelegenen Asyle — Bänke ›Nur für Erwachsene‹. Das Rondell der Buddelplätze war damit bestellt, in deren Mitte die Kleinen wühlten oder sinnend standen, bis eins sie anstieß oder von der Bank das Kindermädchen rief, das hinterm Wagen gelehrig seinen Schmöker las und beinah ohne emporzusehn das Kind in Zucht hielt. Dahin fanden gebrechliche alte Männer, brachten mitten unter dem unvernünftigen Weiberhaufen, zwischen den schreienden Kindern den Ernst des Lebens zu Ehren — die Zeitung. Soviel von diesen Ufern. Doch der See lebt mir noch in dem Takte der von Schlittschuhn plumpen Füße, die nach einem Streifzuge übers Eis von neuem den Bretterboden fühlten und mit Torkeln in eine Bude polterten, in der ein Eisenofen glühte. Nahebei die Bank, wo man die Last an seinen Füßen noch einmal wog, bevor man sich entschloß sie abzuschnallen.

Ruhte dann der Schenkel schräg auf dem Knie und lockerte der Schlittschuh sich, so war's als wüchsen Flügel uns an beiden Sohlen und mit Schritten, die dem gefrorenen Boden zu-nickten, traten wir ins Freie. Von der Insel brachte Musik mich noch ein Stück nach Haus.

Schmöker

Aus der Schülerbibliothek bekam ich die liebsten. In den unteren Klassen wurden sie zuge-
teilt. Der Klassenlehrer sagte meinen Namen,
und dann machte das Buch über die Bänke
seinen Weg; der eine schob es dem anderen
zu, oder es schwankte über die Köpfe hin, bis
es bei mir, der sich gemeldet hatte, angekom-
men war. An seinen Blättern haftete die Spur
von Fingern, die sie umgeschlagen hatten. Die
Kordel, die den Bund abschloß und oben und
unten vorstieß, war verschmutzt. Vor allem
aber hatte sich der Rücken viel bieten lassen
müssen; daher kam es, daß beide Deckelhälf-
ten sich von selbst verschoben und der Schnitt
des Bandes Treppchen und Terrassen bildete.
An seinen Blättern aber hingen, wie Altwei-
bersommer am Geäst der Bäume, bisweilen
schwache Fäden eines Netzes, in das ich einst
beim Lesenlernen mich verstrickt hatte.

Das Buch lag auf dem viel zu hohen Tisch. Beim Lesen hielt ich mir die Ohren zu. So lautlos hatte ich doch schon einmal erzählen hören. Den Vater freilich nicht. Manchmal jedoch, im Winter, wenn ich in der warmen Stube am Fenster stand, erzählte das Schneegestöber draußen mir so lautlos. Was es erzählte, hatte ich zwar nie genau erfassen können, denn zu dicht und unablässig drängte zwischen dem Altbekannten Neues sich heran. Kaum hatte ich mich einer Flockenschar inniger angeschlossen, erkannte ich, daß sie mich einer anderen hatte überlassen müssen, die plötzlich in sie eingedrungen war. Nun aber war der Augenblick gekommen, im Gestöber der Lettern den Geschichten nachzugehen, die sich am Fenster mir entzogen hatten. Die fernen Länder, welche mir in ihnen begegneten, spielten vertraulich wie die Flocken umeinander. Und weil die Ferne, wenn es schneit, nicht mehr ins Weite, sondern ins Innere führt, so lagen Babylon und Bagdad, Akko und Alaska, Tromsö und Transvaal in meinem Innern. Die linde Schmökerluft, die sie durchdrang, schmeichelte sie mit Blut und Fährnis so unwiderstehlich meinem Herzen ein, daß es den abgegriffenen Bänden die Treue hielt.

Oder hielt es die Treue älteren, unauffindbaren? Den wundervollen nämlich, die mir nur einmal im Traume wiederzusehen gegeben war? Wie hatten sie geheißen? Ich wußte nichts, als daß es diese längst verschwundenen waren, die ich nie wieder hatte finden können. Nun aber lagen sie in einem Schrank, von dem ich im Erwachen einsehen mußte, daß er mir nie vorher begegnet war. Im Traum schien er mir alt und gut bekannt. Die Bücher standen nicht, sie lagen; und zwar in seiner Wetterecke. In ihnen ging es gewittrig zu. Eins aufzuschlagen, hätte mich mitten in den Schoß geführt, in dem ein wechselnder und trüber Text sich wölkte, der von Farben schwanger war. Es waren brodelnde und flüchtige, immer aber gerieten sie zu einem Violett, das aus dem Innern eines Schlachttiers zu stammen schien. Unnennbar und bedeutungsschwer wie dies verfemte Violett waren die Titel, deren jeder mir sonderbarer und vertrauter vorkam als der vorige. Doch ehe ich des ersten besten mich versichern konnte, war ich erwacht, ohne auch nur im

Traum die alten Knabenbücher noch einmal berührt zu haben.

Ein Gespenst

Es war ein Abend meines siebenten oder achten Jahres vor unserer Babelsberger Sommerwohnung. Eins unserer Mädchen steht noch eine Weile am Gittertor, das auf ich weiß nicht welche Allee herausführt. Der große Garten, in dessen verwilderten Randgebieten ich mich herumgetrieben habe, hat sich schon für mich geschlossen. Es ist Zeit zum Zubettgehn geworden. Vielleicht habe ich mich an meinem Lieblingsspiel ersättigt und irgendwo am Drahtzaun im Gestrüpp mit Gummibolzen meiner Heurekapistole nach den hölzernen Vögeln gezielt, die von dem Anprall des Geschosses aus der Scheibe fielen, wo sie, in das gemalte Blattwerk eingelassen, saßen. Den ganzen Tag hatte ich ein Geheimnis für mich behalten — nämlich den Traum der letztvergangenen Nacht. Mir war darinnen ein Gespenst erschienen. Den Ort, an dem es sich zu schaffen machte, hätte ich schwerlich schildern können. Doch hatte er mit einem Ähnlichkeit, der mir bekannt war, wenn auch unzugänglich. Das war im Zimmer, wo die Eltern schliefen, eine Ecke, die ein verschossener violetter Vorhang von Plüsch verkleidete, und hinter ihm hingen die Morgenröcke meiner Mutter. Das Dunkel hinter der Portière war unergründlich, der Winkel aber das verrufene Pendant des lichten Paradieses, das sich mit dem Wäscheschrank der Mutter mir eröffnete. Dessen Bretter, an denen blaugestickt auf weißen Borten ein Text aus Schillers ›Glocke‹ sich entlangzog, trugen gestapelt Bett- und Wirtschaftswäsche, Laken, Bezüge, Tischtücher, Servietten. Lavendelduft kam aus den kleinen, prallen Sachets aus Seide, welche über dem gefältelten Bezug der Innenseite der beiden Spindenflügel baumelten. Derart war der alte geheimnisvolle Wirk- und Webezauber, der einst im Spinnrad seinen Ort besessen, in Himmelreich und Hölle aufgeteilt. Der Traum nun war aus dieser: ein Gespenst, das sich an einem hölzernen Gestell zu schaffen machte, von dem Seiden hingen. Diese Seiden stahl das Gespenst.

Es raffte sie nicht an sich, trug sie auch nicht fort; es tat mit ihnen und an ihnen eigentlich nichts. Und dennoch wußte ich, es stahl sie, wie in Sagen die Leute, die ein Geistermahl entdecken, von diesen Geistern, ohne sie doch essend oder trinkend zu gewahren, erkennen, daß sie eine Mahlzeit halten. Dieser Traum war es, den ich für mich behalten hatte. Die Nacht nun, welche auf ihn folgte, bemerkte ich zu ungewohnter Stunde — und es war als schiebe sich in den vorigen Traum ein zweiter ein — die Eltern in mein Zimmer treten. Daß sie sich bei mir einschlossen, sah ich schon nicht mehr. Am andern Morgen, als ich erwachte, gab es nichts zum Frühstück. Die Wohnung, so begriff ich, war ausgeraubt. Mittags kamen Verwandte mit dem Nötigsten. Eine vielköpfige Verbrecherbande hatte bei Nacht sich eingeschlichen. Und ein Glück, erklärte man, daß das Geräusch im Haus auf ihre Stärke hatte schließen lassen. Bis gegen Morgen hatte der gefährliche Besuch gedauert. Vergebens hatten meine Eltern hinterm Fenster die Dämmerung erwartet, in der Hoffnung, Signale nach der Straße tun zu können. Auch mich verwickelte man in den Vorfall. Zwar wußte ich nichts über das Verhalten des Mädchens, das am Abend vor dem Gittertor gestanden hatte, auszusagen, doch der Traum der vorvergangenen Nacht schuf mir Gehör. Wie Blaubarts Frau drang die verwegene Neugier in seine mörderische Kammer ein. Und noch im Sprechen merkte ich entsetzt, daß ich ihn nie hätte verraten dürfen.

Das Pult

Der Arzt fand, ich sei kurzsichtig. Und er verschrieb mir nicht nur eine Brille, sondern
auch ein Pult. Es war sehr sinnig konstruiert.
Man konnte den Sitz verstellen, derart, daß er
näher oder entfernter vor der Platte lag, die
abgeschrägt war und zum Schreiben diente,
dazu der wagerechte Balken an der Lehne,
welcher als Rückenstütze dem Rücken einen
Halt bot, nicht zu reden von einer kleinen
Bücherstütze, die das Ganze krönte und ver-
schiebbar war. Das Pult am Fenster wurde
bald mein Lieblingsplatz. Der kleine Schrank,
der unter seinem Sitz verborgen war, enthielt
nicht nur die Bücher, die ich in der Schule
brauchte, sondern auch das Album mit den
Marken und die drei, die von der Ansichts-
kartensammlung eingenommen wurden. Und
an dem starken Haken an der Seite des Pults
hing nicht nur, neben dem Frühstückskörbchen,

meine Mappe, sondern auch der Säbel der Husarenuniform und die Botanisiertrommel. Oft war es, wenn ich aus der Schule kam, mein erstes, mit meinem Pulte Wiedersehn zu feiern, indem ich es zum Schauplatz irgendeiner meiner geliebtesten Beschäftigungen machte — des Abziehns zum Beispiel. Dann stand bald eine Tasse mit warmem Wasser an der Stelle, die vorher vom Tintenfasse eingenommen wurde, und ich begann die Bilder auszuschneiden. Wieviel verhieß der Schleier, hinter dem sie aus Bögen und aus Heften auf mich starrten. Der Schuster über seinem Leisten und die Kinder, die äpfelpflückend auf dem Baume sitzen, der Milchmann vor der winterlich verschneiten Tür, der Tiger, der sich zum Sprunge auf den Jäger duckt, aus dessen Büchse gerade Feuer kommt, der Angler im Gras vor seinem blauen Bächlein und die Klasse, die auf den Lehrer achtet, welcher ihr vorn an der Tafel etwas vormacht, der Drogist vor seinem reichbestellten bunten Laden, der Leuchtturm mit dem Segelboot davor — sie alle waren von einem Nebelhaufen überzogen. Wenn sie dann aber sanft durchleuchtet auf

dem Blatte ruhten und unter meinen Fingerspitzen, die vorsichtig rollend, schabend, rei-
bend auf ihrem Rücken hin- und wiederfuhren,
die dicke Schicht in dünnen Walzen abging, zuletzt auf ihrem rissigen, geschundenen Rücken
in kleinen Fleckchen süß und unverstellt die
Farbe durchbrach, war's als ginge über der
trüben, morgendlich verwaschenen Welt die
strahlende Septembersonne auf und alles, noch
durchfeuchtet von dem Tau, der in der Dämmerung es erfrischte, glühe nun einem neuen
Schöpfungstag entgegen. Doch hatte ich genug
an diesem Spiel, so fand sich immer noch ein
Vorwand, um die Schularbeiten weiter zu ver-
tagen. Gern ging ich an die Durchsicht alter
Hefte, die einen ganz besonderen Wert dadurch besaßen, daß mir's gelungen war, sie vor
dem Zugriff des Lehrers, der den Anspruch
auf sie hatte, zu bewahren. Nun ließ ich meinen
Blick auf den Zensuren, die er mit roter Tinte
darin eingetragen hatte, ruhen und stille Lust
erfüllte mich dabei. Denn wie die Namen Ver-
storbener auf dem Grabstein, die nun nie
mehr von Nutzen noch von Schaden werden
können, standen die Noten da, die ihre Kraft

an frühere Zensuren abgegeben hatten. Auf andere Art und mit noch besserem Gewissen ließ eine Stunde auf dem Pulte sich beim Basteln an Heften oder Schulbüchern vertrödeln. Die Bücher mußten einen Umschlag aus kräftigem blauen Packpapier erhalten, und was die Hefte anging, so bestand die Vorschrift, einem jeden sein Löschblatt unverlierbar beizugeben. Zu diesem Zwecke gab es kleine Bändchen mit Oblaten. Wenn man für einigen Farbenreichtum sorgte, so konnte man zu sehr verschiedenartigen, den stimmungsvollsten wie den grellsten, Arrangements gelangen. So hatte das Pult zwar mit der Schulbank Ähnlichkeit. Doch um so besser, daß ich dennoch dort geborgen war und Raum für Dinge hatte, von denen sie nichts wissen darf. Das Pult und ich, wir hielten gegen sie zusammen. Und ich hatte es nach dem öden Schultag kaum zurückgewonnen, so gab es frische Kräfte an mich ab. Nicht nur zu Hause durfte ich mich fühlen, nein, im Gehäuse, wie nur einer der Kleriker, die auf den mittelalterlichen Bildern in ihrem Betstuhl oder Schreibepult gleichwie in einem Panzer zu sehen sind. In diesem Bau begann

ich ›Soll und Haben‹ und ›Zwei Städte‹. Ich
suchte mir die stillste Zeit am Tag und diesen
abgeschiedensten von allen Plätzen. Danach
schlug ich die erste Seite auf und war dabei
so feierlich gestimmt wie jemand, der den
Fuß auf einen neuen Erdteil setzt. Auch war
es in der Tat ein neuer Erdteil, auf dem die
Krim und Kairo, Babylon und Bagdad,
Alaska und Taschkent, Delphi und Detroit so
nah sich aufeinanderschoben wie die goldenen Medaillen auf den Zigarrenkisten, die ich
sammelte. Nichts tröstlicher als derart eingeschlossen von allen Instrumenten meiner Qual
— Vokabelheften, Zirkeln, Wörterbüchern —
zu weilen, wo ihr Anspruch nichtig wurde.

Ein Weihnachtsengel

Mit den Tannenbäumen begann es. Eines Morgens, noch ehe Ferien waren, hafteten an den Straßenecken die grünen Siegel, die die Stadt wie ein großes Weihnachtspaket an hundert Ecken und Kanten zu sichern schienen. Dann barst sie eines schönen Tages dennoch und Spielzeug, Nüsse, Stroh und Baumschmuck quollen aus ihrem Innern: der Weihnachtsmarkt.. Mit ihnen aber quoll noch etwas anderes hervor. Die Armut. Wie nämlich Äpfel und Nüsse mit ein wenig Schaumgold neben dem Marzipan sich auf dem Weihnachtsteller zeigen durften, so auch die armen Leute mit Lametta und bunten Kerzen in den bessern Vierteln. Die Reichen aber schickten ihre Kinder vor, um denen der Armen wollene Schäfchen abzukaufen oder Almosen auszuteilen, die sie selbst vor Scham nicht über ihre Hände brachten. Inzwischen stand bereits auf der

Veranda der Baum, den meine Mutter insge-
heim gekauft und über die Hintertreppe in
die Wohnung hatte bringen lassen. Und wun-
derbarer als alles, was das Kerzenlicht ihm
gab, war, wie das nahe Fest in seine Zweige
mit jedem Tage dichter sich verspann. In den
Höfen begannen die Leierkästen die letzte
Frist mit Chorälen zu dehnen. Endlich war sie
dennoch verstrichen und einer jener Tage
wieder da, an deren frühesten ich mich hier
erinnere. In meinem Zimmer wartete ich, bis
es sechs werden wollte. Kein Fest des späteren
Lebens kennt diese Stunde, die wie ein Pfeil
im Herzen des Tages zittert. Es war schon
dunkel, trotzdem entzündete ich nicht die
Lampe, um den Blick nicht von den dunklen
Fenstern überm Hof zu wenden, hinter denen
nun die ersten Kerzen zu sehen waren. Es war
von allen Augenblicken, die das Dasein des
Weihnachtsbaumes hat, der heimlichste, in
dem er Nadeln und Geäst dem Dunkel opfert,
um nichts zu sein als nur ein unnahbares und
doch nahes Sternbild im trüben Fenster einer
Hinterwohnung. Doch wie ein solches Sternbild hin und wieder eins der verlassenen Fen-

ster begnadete, indessen viele weiter dunkel blieben und andere, noch trauriger, im Gaslicht der frühen Abende verkümmerten, schien mir, daß diese weihnachtlichen Fenster die Einsamkeit, das Alter und das Darben — all das, wovon die armen Leute schwiegen — in sich faßten. Dann fiel mir wieder die Bescherung ein, die meine Eltern eben rüsteten. Kaum aber hatte ich so schweren Herzens wie nur die Nähe eines sichren Glücks es macht, mich von dem Fenster abgewandt, so spürte ich eine fremde Gegenwart im Raum. Es war nichts als ein Wind, so daß die Worte, die sich auf meinen Lippen bildeten, wie Falten waren, die ein träges Segel plötzlich vor einer frischen Brise wirft.

>Alle Jahre wieder
Kommt das Christuskind
Auf die Erde nieder,
Wo wir Menschen sind‹

— mit diesen Worten hatte sich der Engel, der in ihnen begonnen hatte, sich zu bilden, auch verflüchtigt. Doch nicht mehr lange blieb ich im leeren Zimmer. Man rief mich in das gegenüberliegende, in dem der Baum nun in die Glorie eingegangen war, welche ihn mir entfremdete, bis er, des Untersatzes beraubt, im Schnee verschüttet oder im Regen glänzend, das Fest da endete, wo es ein Leierkasten begonnen hatte.

Schränke

Der erste Schrank, der aufging, wann ich wollte, war die Kommode. Ich hatte nur am Knopf zu ziehen, so schnappte die Tür aus ihrem Schlosse mir entgegen. Drinnen lag meine Wäsche aufbewahrt. Unter all meinen Hemden, Hosen, Leibchen, die dort gelegen haben müssen und von denen ich nichts mehr weiß, war aber etwas, das sich nicht verloren hat und mir den Zugang zu diesem Schranke stets von neuem lockend und abenteuerlich erscheinen ließ. Ich mußte mir Bahn bis in den hinteren Winkel machen; dann stieß ich auf meine Strümpfe, welche da gehäuft und in althergebrachter Art, gerollt und eingeschlagen, ruhten, so daß jedes Paar das Aussehen einer kleinen Tasche hatte. Nichts ging mir über das Vergnügen, meine Hand so tief wie möglich in ihr Inneres zu versenken. Und nicht nur ihrer wolligen Wärme wegen. Es war ›Das

Mitgebrachte‹, das ich immer im eingerollten Innern in der Hand hielt und das mich derart in die Tiefe zog. Wenn ich es mit der Faust umspannt und mich nach Kräften in dem Besitz der weichen, wollenen Masse bestätigt hatte, fing der zweite Teil des Spiels an, der die atemraubende Enthüllung brachte. Denn nun ging ich daran, ›Das Mitgebrachte‹ aus seiner wollenen Tasche auszuwickeln. Ich zog es immer näher an mich heran, bis das Bestürzende vollzogen war: ›Das Mitgebrachte‹ seiner Tasche ganz entwunden, jedoch sie selbst nicht mehr vorhanden war. Nicht oft genug konnte ich so die Probe auf jene rätselhafte Wahrheit machen: daß Form und Inhalt, Hülle und Verhülltes, ›Das Mitgebrachte‹ und die Tasche eines waren. Eines — und zwar ein Drittes: jener Strumpf, in den sie beide sich verwandelt hatten. Bedenke ich, wie unersättlich ich gewesen bin, dies Wunder zu beschwören, so bin ich sehr versucht, in meinem Kunstgriff ein kleines, schwesterliches Gegenstück der Märchen zu vermuten, welche gleichfalls mich in die Geister- oder Zauberwelt einluden, um am Schluß mich gleich unfehlbar der schlichten Wirklichkeit zurückzugeben, die mich so tröstlich aufnahm wie ein Strumpf. Danach vergingen Jahre. Mein Vertrauen in die Magie war schon erschüttert; schärferer Reize bedurfte es, um es zurückzubringen. Ich begann sie im Sonderbaren, Schrecklichen, Verwunschenen zu suchen, und auch diesmal war's ein Schrank, vor dem ich sie zu kosten trachtete. Aber das Spiel war ein gewagteres. Mit der Unschuld war es vorbei und ein Verbot erschuf es. Verboten nämlich waren mir die Schriften, von denen ich mir reichlichen Ersatz für die verlorene Märchenwelt versprach. Zwar blieben mir die Titel — ›Die Fermate‹, ›Das Majorat‹, ›Heimatochare‹ — dunkel. Jedoch für alle, die ich nicht verstand, hatte der Name ›Gespenster-Hoffmann‹ und die strenge Weisung, ihn niemals aufzuschlagen, mir zu bürgen. Endlich gelang es mir, zu ihnen vorzustoßen. Vormittags konnte es sich treffen, daß ich von der Schule schon zurück war, ehe noch die Mutter aus der Stadt, mein Vater aus dem Geschäft nach Hause gekommen waren. An solchen Tagen ging ich ohne die geringste Zeitversäumnis an den Bücherschrank. Das war ein sonderbares Möbel; der Fassade konnte man es nicht ansehen, daß es Bücher beherbergte. Seine Türen trugen im Innern ihres Eichenrahmens Füllungen, die aus Glas bestanden. Und zwar setzten sie sich aus kleinen Butzenscheiben zusammen, welche, jede einzelne, mit einer bleiernen Umfassung von den benachbarten geschieden waren. Die Butzenscheiben aber waren rot und grün und gelb gefärbt und völlig undurchsichtig. So war das Glas an diesen Türen Unfug, und als wolle es Rache für sein Schicksal nehmen, das es so mißbraucht hatte, glänzte es in vielen verdrießlichen Reflexen, welche keinen in seine Nähe luden. Doch wenn mich damals die ungute Luft, die um dies Möbel witterte, betroffen hätte, so wäre sie mir nur ein Anreiz mehr für den Handstreich gewesen, den ich in dieser tauben, hellen und gefährlichen Vormittagsstunde darauf plante. Ich riß die Flügel auf, ertastete den Band, den ich nicht in der Reihe, sondern im Dunkeln hinter ihr zu suchen hatte, erblätterte mir fieberhaft die Seite, auf der ich stehengeblieben war, und ohne mich vom Fleck zu rühren, fing ich an, die Blätter vor der offe-

nen Schranktür überfliegend, die Zeit, bis
meine Eltern kamen, auszunutzen. Von dem,
was ich las, verstand ich nichts. Jedoch die
Schrecken jeder Geisterstimme und jeder
Mitternacht und jedes Fluchs steigerten und
vollendeten sich durch die Ängste des Ohrs,
das jeden Augenblick den Laut des Woh-
nungsschlüssels und den dumpfen Stoß erwartete, mit welchem der Spazierstock des Vaters
draußen in den Ständer fiel. — Es war ein Zeichen der Sonderstellung, die die geistigen Gü-
ter im Haus behaupteten, daß dieser Schrank
als einziger unter allen offenblieb. Denn zu
den anderen gab es keinen Zugang als durch
den Schlüsselkorb, der jede Hausfrau in jenen
Jahren überall im Haus begleitete, um doch
auf Schritt und Tritt von ihr vermißt zu werden. Das Scheppern des Schlüsselhaufens,
welchen sie durchwühlte, ging jedem Hausgeschäft voraus; es war das Chaos, das darin
aufbegehrte, ehe das Bild der heiligen Ord-
nung hinter den weitoffenen Schranktüren wie
im Grund des Altarschreins zu uns hinüber-
grüßte. Auch von mir verlangte es Verehrung
und selbst Opfer. Nach jedem Weihnachts-

und Geburtstagsfest war zu entscheiden, welches der Geschenke dem ›neuen Schrank‹ zu stiften sei, zu dem die Mutter mir den Schlüssel aufbewahrte. Alles Verschlossene blieb länger neu. Doch nicht das Neue zu halten, sondern das Alte zu erneuern, lag in meinem Sinn. Das Alte zu erneuern dadurch, daß ich selbst, der Neuling, mir's zum Meinen machte, war das Werk der Sammlung, die sich mir im Schubfach häufte. Jeder Stein, den ich fand, jede gepflückte Blume und jeder gefangene Schmetterling war mir schon Anfang einer Sammlung, und alles, was ich überhaupt besaß, machte mir eine einzige Sammlung aus. ›Aufräumen‹ hätte einen Bau vernichtet voll stachliger Kastanien, die Morgensterne, Stanniolpapiere, die ein Silberhort, Bauklötze, die Särge, Kakteen, die Totembäume, und Kupferpfennige, die Schilde waren. So wuchs und so vermummte sich die Habe der Kindheit in den Fächern, Läden, Kästen. Und was einst aus dem alten Bauernhaus ins Märchen einging — jene letzte Kammer, die dem Marienkind verboten ist —, das ist im Großstadthaus zum Schrank geschrumpft. Der düsterste von allen aber war im Hausstand jener Tage das Büfett. Ja, was ein Speisezimmer und sein dumpfes Mysterium war, ermaß nur der, dem es einmal gelang, das Mißverhältnis der Tür zum breiten, massigen und bis zur Decke aufgegipfelten Büfett sich klarzumachen. Es schien auf seinen Platz im Raume so verbürgte Rechte zu haben wie auf jenen in der Zeit, in die es als Zeuge einer Stammverwandtschaft ragte, die einst in grauer Frühe Immobilien und Mobiliar verbunden haben mochte. Die Reinmachfrau, die alles ringsumher entvölkerte, kam ihm nicht bei. Sie konnte nur die Silberkübel und Terrinen, die Delfter Vasen und Majoliken, die bronzenen Urnen und die Glaspokale, die in seinen Nischen und unter seinen Muschelbaldachinen, auf seinen Terrassen und Estraden, zwischen seinen Portalen und vor seinen Täfelungen standen, abtragen und im Nebenzimmer häufen. Die steile Höh, auf der sie thronten, machte sie jeder praktischen Verwendung fremd. Darum sah das Büfett mit gutem Grund den Tempelbergen ähnlich. Auch konnte es mit Schätzen prunken, wie die Götzen sie gern um sich haben. Dafür war dann der Tag, an dem Gesellschaft war, der rechte. Schon mittags öffnete sich sein Massiv, um mich in seinen Schächten, die mit Samt wie mit graugrünem Moos bezogen waren, den Silberhort des Hauses sehen zu lassen. Was aber dort auch lag, das war nicht zehnfach, nein zwanzig- oder dreißigfach vorhanden. Und wenn ich diese langen, langen Reihen von Mokkalöffeln oder Messerbänkchen, Obstmessern oder Austerngabeln sah, stritt mit der Lust an dieser Fülle Angst, als sähen die, die nun erwartet wurden, einander gleich wie unsere Tischbestecke.

Bettler und Huren

In meiner Kindheit war ich ein Gefangener des alten und neuen Westens. Mein Clan bewohnte diese beiden Viertel damals in einer Haltung, die gemischt war aus Verbissenheit und Selbstgefühl und die aus ihnen ein Ghetto machte, das er als sein Lehen betrachtete. In dieses Quartier Besitzender blieb ich geschlossen, ohne um ein anderes zu wissen. Die Armen — für die reichen Kinder meines Alters gab es sie nur als Bettler. Und es war ein großer Fortschritt der Erkenntnis, als mir zum erstenmal die Armut in der Schmach der schlechtbezahlten Arbeit dämmerte. Das war in einer kleinen Niederschrift, vielleicht der ersten, die ich ganz für mich selbst verfaßte. Sie hatte es mit einem Mann zu tun, der Zettel austeilt und mit den Erniedrigungen, die er durch ein Publikum erfährt, das für die Zettel kein Interesse hat. So kommt es, daß der Arme — damit schloß ich — sich heimlich seines ganzen Packs entledigt. Gewiß die unfruchtbarste Bereinigung der Lage. Aber keine andere Form der Revolte ging mir damals ein als die der Sabotage; diese freilich aus eigenster Erfahrung. Auf sie griff ich zurück, wenn ich der Mutter mich zu entziehen suchte. Am liebsten aber bei den ›Besorgungen‹, und zwar mit einem verstockten Eigensinn, der meine Mutter oft zur Verzweiflung brachte. Ich hatte nämlich die Gewohnheit angenommen, immer um einen halben Schritt zurückzubleiben. Es war als wolle ich in keinem Falle eine Front, und sei es mit der eigenen Mutter, bilden. Wieviel ich dieser träumerischen Resistenz bei den gemeinschaftlichen Gängen durch die Stadt zu danken hatte, fand sich später, als ihr Labyrinth sich dem Geschlechtstrieb öffnete. Der aber suchte mit seinem ersten Tasten nicht den Leib, sondern die ganz verworfene Psyche, deren Flügel faulig im Scheine einer Gaslaterne glänzten oder noch unentfaltet unterm Pelz, in welchen sie verpuppt war, schlummerten. Ein Blick, der nicht den dritten Teil von dem zu sehen

scheint, was er in Wahrheit umfaßte, kam mir
nun zugut. Schon damals aber, als noch meine
Mutter mein Brödeln und verschlafenes Schlen-
dern schalt, spürte ich dumpf die Möglichkeit,
im Bund mit diesen Straßen, in denen ich mich
scheinbar nicht zurechtfand, mich später ihrer
Herrschaft zu entziehn. Kein Zweifel jeden-
falls, daß ein Gefühl—ein trügerisches leider—,
ihr und ihrer und meiner eigenen Klasse ab-
zusagen, Schuld an dem beispiellosen Anreiz
trug, auf offener Straße eine Hure anzuspre-
chen. Stunden konnte es dauern, bis es dahin
kam. Das Grauen, das ich dabei fühlte, war
das gleiche, mit dem mich ein Automat erfüllt
hätte, den in Betrieb zu setzen, es an einer
Frage genug gewesen wäre. Und so warf ich
denn meine Stimme durch den Schlitz. Dann
sauste das Blut in meinen Ohren, und ich war
nicht fähig, die Worte, die da vor mir aus dem
stark geschminkten Munde fielen, aufzulesen.
Ich lief davon, um in der gleichen Nacht—wie
häufig noch — den tollkühnen Versuch zu wie-
derholen. Wenn ich dann, manchesmal schon
gegen Morgen, in einer Torfahrt innehielt,
hatte ich mich in die asphaltenen Bänder der

Straße hoffnungslos verstrickt, und die saubersten Hände waren es nicht, die mich freimachten.

Hallesches Tor

Manchmal nahm mich an Winterabenden meine Mutter zum Kaufmann mit. Es war ein dunkles, unbekanntes Berlin, das sich im Gaslicht um mich ausbreitete. Wir blieben im Bereich des alten Westens, dessen Straßenzüge einträchtiger und anspruchsloser waren als die später bevorzugten. Die Friese und die Erker, die den Schmuck dieser Mietshäuser machen, befanden sich im Dunkeln. In den Fassaden aber war Licht zu sehen, das auf ganz eigene Weise seinen Weg in die Fenster nahm. Lag es an den Mullgardinen, den gelben Stores oder dem Gasstrumpf in seiner Hängelampe — dies Licht verriet von den erleuchteten Zimmern wenig. Es hatte es nur mit sich selbst zu tun und legte sich, verführerisch, doch schüchtern in die Fenster. Es zog mich an und stimmte mich nachdenklich. Wenn ich dann heimkam, schlug ich mein Postkartenalbum auf und suchte mir das ›Hallesche Tor‹

heraus. In blassem Blau war auf tiefblauem Grunde der Belleallianceplatz mit den Häusern zu sehen, die ihn einrahmen; den Vordergrund bildeten die Arkaden; der volle Mond stand am Himmel. Aber der Mond und die Fenster waren von der obersten Kartenschicht befreit. Sie hoben sich fahl aus dem Bild heraus, und ich mußte die Karte gegen die Lampe halten, um bei dem gelben Lichtschein, der plötzlich aus dem Nachtgewölk und aus den Fenstern drang, mich beruhigt und glücklich zu fühlen. War es die Freundschaft, die der Mond und die Wohnungen miteinander geschlossen hatten? War es die Gewißheit, daß hinter den Fenstern nichts vorging? Warum mich diese Karte beglückte, das weiß ich nicht.

Der Nähkasten

Die Spindel kannten wir nicht mehr, die das Dornröschen stach und es in hundertjährigen Schlaf versenkte. Aber wie Schneewittchens Mutter, die Königin, am Fenster saß, wenn es schneite, so hat auch unsere Mutter mit dem Nähzeug am Fenster gesessen, und nur darum fielen keine drei Tropfen Blut, weil sie einen Fingerhut bei der Arbeit trug. Dafür war dessen Kuppe selbst von blassem Rot, und kleine Vertiefungen wie Spuren früherer Stiche verzierten sie. Hielt man ihn aber gegens Licht, so glühte er am Ende seiner finsteren Höhlung, in der unser Zeigefinger so gut Bescheid wußte. Denn gern bemächtigten wir uns der kleinen Krone, die im Verborgenen uns bekrönen konnte. Wenn ich sie auf den Finger schob, begriff ich, wie meine Mutter für die Dienstmädchen hieß. Sie meinten ›gnädige Frau‹, verstümmelten jedoch das

erste Wort, so schien mir lange, daß sie Näh-
Frau sagten. Man hätte keinen Titel finden
können, in welchem sich die Machtvollkom-
menheit der Mutter einleuchtender für mich
bekundet hätte.

Wie alle echten Herrschersitze hatte auch der
ihre am Nähtisch seinen Bannkreis. Und bisweilen bekam ich ihn zu spüren. Unbeweglich,
mit angehaltenem Atem stand ich drin. Die
Mutter aber hatte gerade eben entdeckt, es
sei, eh ich sie auf Besuch oder zu Einkäufen
begleiten dürfe, an meinem Anzug etwas aus-
zubessern. Und nun hielt sie den Ärmel meiner
Matrosenbluse, in welchem ich den Arm schon
stecken hatte, in der Hand, um den blauweißen
Aufschlag festzunähen oder sie gab mit ein
paar schnellen Stichen dem seidenen Schiffer-
knoten seinen ›Pli‹. Ich aber stand dabei und
kaute an dem schweißigen Gummibande meiner Mütze, das mir sauer schmeckte.

In solchen Augenblicken, da das Nähzeug am
strengsten über mich gebot, begann Trotz und
Empörung sich in mir zu melden. Nicht nur,
weil diese Sorge für den Anzug, den ich doch
schon am Körper hatte, die Geduld auf eine

allzu harte Probe stellte, nein, mehr noch, weil, was mit mir vorgenommen wurde, nicht in dem mindesten Verhältnis stand zu dem vielfarbigen Aufgebot der Seiden, den feinen Nadeln und den Scheren in verschiedenen Größen, welche vor mir lagen. Zweifel beschlichen mich, ob dieser Kasten von Haus aus überhaupt zum Nähen sei — sie waren denen ähnlich, die mich jetzt manchmal auf offener Straße überfallen, wenn ich von weitem nicht entscheiden kann, ob ich vor Augen eine Confiserie oder eine Friseurauslage habe. Und schwerlich hätte ich mich sehr gewundert, wenn bei den Spulen eine redende, die Spule Odradek, gelegen hätte, die ich fast dreißig Jahre später kennenlernte. Zwar nennt der Dichter diese redende und rätselhafte, welche auf den Treppen und in den Zimmerecken sich herumtreibt, ›die Sorge des Hausvaters‹. Das wird aber der Vorstand einer jener zweideutigen Familien sein, bei denen sich die Geschlechtsverhältnisse verkehren. Soviel zumindest spürte ich schon damals, daß die Zwirn- und Garnrollen mich mit verrufener Lockung peinigten. Und zwar war deren Sitz in ihrem Hohlraum, in dem früher die Achse kreiste, deren schnelle Drehung den Faden auf die Rolle wickelte. Nachher verschwand dies Loch auf beiden Seiten unter der Oblate, die meistens schwarz war und mit goldenem Aufdruck den Firmennamen und die Nummer trug. Zu groß war die Versuchung, meine Fingerspitzen gegen die Mitte der Oblate anzustemmen, zu innig die Befriedigung, wenn sie riß und ich das Loch darunter tastete.

Neben der oberen Region des Kastens, wo diese Rollen beieinanderlagen, die schwarzen Nadelbücher blinkten, und die Scheren jede in ihrer Lederscheide steckten, gab es den finstern Untergrund, den Wust, in dem der aufgelöste Knäuel regierte, Reste von Gummibändern, Haken, Ösen und Seidenfetzen beieinanderlagen. Auch Knöpfe waren unter diesem Ausschuß; manche von solcher Form, wie man sie nie an irgendeinem Kleid gesehen hat. Ähnliche fand ich sehr viel später wieder: da waren es die Räder an den Wagen des Donnergottes Thor, wie ihn ein kleiner Magister um die Mitte des Jahrhunderts in einem Schulbuch abgebildet hat. So viele Jahre also brauchte es, bis sich mein Argwohn, dieser ganze Kasten sei anderem vorbestimmt als Näharbeiten, vor einem blassen Bildchen bestätigt hat.

Schneewittchens Mutter näht und draußen schneit es. Je stiller es im Land wird, desto mehr kommt dieses stillste Hausgeschäft zu Ehren. Je früher am Tag es dunkel wurde, desto öfter erbaten wir die Schere. Eine Stunde verbrachten nun auch wir mit unsern Augen der Nadel folgend, von der träg ein dicker, wollener Faden herunterhing. Denn ohne es zu sagen, hatte jedes sich seine Ausnähsachen vorgenommen — Pappteller, Tintenwischer, Futterale —, in die es nach der Zeichnung Blumen nähte. Und während das Papier mit leisem Knacken der Nadel ihre Bahn freimachte, gab ich hin und wieder der Versuchung nach, mich in das Netzwerk auf der Hinterseite zu vergaffen, das mit jedem Stich, mit dem ich vorn dem Ziele näherkam, verworrener wurde.

Unglücksfälle und Verbrechen

Die Stadt versprach sie mir mit jedem Tag
aufs neue und am Abend war sie sie schuldig
geblieben. Tauchten sie auf, so waren sie mit
einmal, wenn ich an Ort und Stelle kam, wieder fort wie Götter, die nur Augenblicke für
die Sterblichen übrig haben. Ein ausgeraubtes
Schaufenster, das Haus, aus dem man einen
Toten getragen hatte, die Stelle auf dem Fahr-
damm, wo ein Pferd gestürzt war — ich faßte
vor ihnen Fuß, um an dem flüchtigen Hauch,
den dies Geschehn zurückgelassen hatte, mich
zu sättigen. Da war er auch schon wieder hin —
zerstreut und fortgetragen von dem Haufen
Neugieriger, die sich in alle Winde verlaufen
hatten. Wer konnte es mit der Feuerwehr auf-
nehmen, die von ihren Rennern zu unbekannten Brandstätten befördert wurde, wer durch
die Milchglasscheiben ins Innere der Kranken-
wagen blicken, wo am Rand der Bahre ein

Begleiter sitzen mochte. Auf diesen Wagen glitt und stürmte Unglück, dessen Fährte ich nicht gewinnen konnte, durch die Straßen. Da hatte es noch seltsamere Vehikel, die freilich ihr Geheimnis ebenso hartnäckig wie Zigeunerwagen wahrten. Und auch an jenen waren es die Fenster, in denen es mir nicht geheuer schien. Eiserne Stäbchen hielten sie verwahrt. Und wenn ihr Abstand auch so winzig war, daß keinesfalls ein Mensch sich durch sie hätte zwingen können, hing ich doch immer, ohne es zu zeigen, den Missetätern und Verbrechern nach, die drinnen, wie ich mir vorerzählte, gefangen saßen. Ich wußte damals nicht, daß das nur Wagen für die Beförderung von Akten waren, begriff sie aber darum nur noch besser als stickige Behältnisse des Unheils. Auch der Kanal, in dem das Wasser doch so dunkel und so langsam trieb, als sei es mit allem Traurigen auf Du und Du, hielt mich von einem Mal zum andern hin. Umsonst war jede seiner vielen Brücken mit einem Rettungsring dem Tod verlobt. Sooft ich sie passierte, fand ich sie jungfräulich und am Ende lernte ich, mich mit den Tafeln zu begnügen, die Wiederbelebungsversuche an Ertrunkenen zeigen. Doch diese Akte blieben mir so fern wie Krieger aus dem Pergamonmuseum. So war fürs Unglück überall gesorgt; die Stadt und ich hätten es weich gebettet, aber nirgends ließ es sich sehen. Ja, wenn ich durch die festgeschlossenen Laden in das Elisabethkrankenhaus hätte blicken können. Es war mir, wenn ich durch die Lützowstraße kam, schon aufgefallen, daß manche Laden hier am hellen Tag geschlossen waren. Auf meine Frage hatte ich erfahren, in solchen Zimmern lägen ›die Schwerkranken‹. Seitdem sah ich zu ihnen immer auf. Die Juden, wenn sie von dem Todesengel erzählen hörten, der mit seinem Finger die Häuser der Ägypter bezeichnete, deren Erstgeburt sterben sollte, mögen sich diese Häuser so mit Grauen vergegenwärtigt haben wie ich mir die Fenster, deren Laden geschlossen blieben. Aber tat er nun wirklich sein Werk — der Todesengel? Oder gingen dann doch eines Tages die Laden auf und legte sich der Schwerkranke als Genesender ins Fenster? Hätte man ihm nicht nachhelfen mögen — dem Tod, dem Feuer oder auch nur dem Hagel, der gegen meine

Scheiben trommelte, ohne je sie zu durch-
schlagen?

Und ist es wunderbar, daß, als nun endlich
Unglück und Verbrechen zur Stelle waren,
dieses Erlebnis alles um sich her — ja, auch die
Schwelle zwischen Tod und Wirklichkeit — zunichte machte? So weiß ich nicht mehr, ob es
einem Traum entstammt oder nur vielfach in
ihm wiederkehrte. In jedem Fall war es im
Augenblick bei der Berührung der ›Kette‹
gegenwärtig. ›Vergiß nicht, erst die Kette vor-
zumachen‹, hieß es, wenn mir gestattet worden war, die Tür zu öffnen. Die Angst vor
einem Fuße, der sich in die Tür stemmt, ist mir
durch meine ganze Kindheit treu geblieben.
Und in der Mitte dieser Ängste dehnt sich
endlos wie die Höllenqual das Schrecknis, das
offenbar nur eingetreten war, weil nicht die
Kette vorlag. Im Arbeitszimmer meines Vaters
steht ein Herr. Er ist nicht schlecht gekleidet
und er scheint die Gegenwart der Mutter gar
nicht zu bemerken, spricht über sie hinweg, als
ob sie Luft wäre. Erst recht ist meine Gegenwart im Nebenzimmer für ihn unbeträchtlich.
Der Ton, in dem er spricht, ist vielleicht

höflich und wohl kaum sehr drohend. Gefähr-
licher ist eine Stille, wenn er schweigt. In dieser Wohnung ist kein Telephon. Das Leben
meines Vaters hängt an einem Haar. Vielleicht
wird er das nicht erkennen und indem er vom
Sekretär, den zu verlassen er noch gar nicht
Zeit fand, aufsteht, um den Herrn, der eindrang und längst Fuß gefaßt hat, hinauszu-
weisen, wird dieser ihm zuvorgekommen sein,
abschließen und den Schlüssel an sich nehmen.
Dem Vater ist der Rückzug abgeschnitten und
mit der Mutter hat der andere es auch weiter
nicht zu tun. Ja, das Entsetzliche an ihm ist
diese Art, sie ganz zu übersehen, als wenn sie
mit ihm, dem Mörder und Erpresser, im Bunde
wäre. Weil aber auch diese finsterste Heim-
suchung ging, ohne mir ihr Rätselwort zu
hinterlassen, habe ich immer die verstanden,
die zum ersten besten Feuermelder flüchten.
Sie stehen als Altäre an der Straße, vor denen
man zur Unglücksgöttin fleht. Für einen so
Beherzten stellte ich mir, noch erregender als
das Erscheinen des Wagens, die Minute vor, in
der man als einziger Passant sein noch ent-
ferntes Sturmläuten hören würde. Es war, als

hätte diese Stelle noch ein ganzes Pensum ab-
zuhetzen, bevor der Wagen anhalten dürfe.
Fast immer aber hatte man an ihr den besten
Teil der Katastrophe. Denn gesetzt, man kam
zu einer wirklichen zurecht, so sah man nichts.
Es war, als ob die Stadt die seltenen Flammen
mit Eifersucht betreue, tief im Innern des Hofes oder Dachgestühls sie nähre und jeder-
mann den Anblick dieses hitzigen, prächtigen
Geflügels, das sie sich da gezogen hatte, neide.
Löschmannschaften kamen zwar ab und zu von
drinnen, doch sie sahen nicht aus, als seien sie
den Anblick wert, von dem sie voll sein mußten. Ganz bei der Sache waren nur die Gaffer.
Wenn dann ein zweiter Zug mit Schläuchen,
Leitern und Boilern vorgefahren kam, so
schien er nach den ersten eiligen Manövern
sich in den gleichen Schlendrian hineinzufinden
und der robuste und behelmte Nachschub mehr
Hüter eines unsichtbaren Feuers als sein Feind.
Meist aber kamen keine Wagen nach, sondern
auf einmal merkte man, daß auch die Poli-
zisten nachließen und das Feuer abgelöscht
war. Keiner wollte einem bestätigen, es sei
angelegt gewesen.

Loggien

Wie eine Mutter, die das Neugeborene an ihre Brust legt, ohne es zu wecken, verfährt das Leben lange Zeit mit der noch zarten Erinnerung an die Kindheit. Nichts kräftigte die meine inniger als der Blick in Höfe, von deren dunklen Loggien eine, die im Sommer von Markisen beschattet wurde, für mich die Wiege war, in die die Stadt den neuen Bürger legte. Die Karyatiden, die die Loggia des nächsten Stockwerks trugen, mochten ihren Platz für einen Augenblick verlassen, um an dieser Wiege ein Lied zu singen, das zwar fast nichts von dem enthielt, was später auf mich wartete, dafür jedoch den Spruch, durch den die Luft der Höfe mir auf immer berauschend blieb. Ich glaube, daß ein Beisatz dieser Luft noch um die Weinberge von Capri war, in denen ich die Geliebte umschlungen hielt; und es ist. eben diese Luft, in der die Bilder und Alle-

gorien stehen, die über meinem Denken herrschen wie die Karyatiden auf der Loggienhöhe
über die Höfe des Berliner Westens.

Der Takt der Stadtbahn und des Teppich-
klopfens wiegte mich da in Schlaf. Er war die
Mulde, in der sich meine Träume bildeten.
Zuerst die ungestalten, die vielleicht vom
Schwall des Wassers oder dem Geruch der
Milch durchzogen waren; dann die langge-
sponnenen: Reise- und Regenträume; endlich
die geweckteren: vom nächsten Murmelspiel
im Zoo, vom Sonntagsausflug. Der Frühling
hißte hier die ersten Triebe vor einer grauen
Rückfront; und wenn später im Jahr ein stau-
biges Laubdach tausendmal am Tage die Haus-
wand streifte, nahm das Schlürfen der Zweige
mich in eine Lehre, der ich noch nicht gewach-
sen war. Denn alles wurde mir im Hof zum
Wink. Wie viele Botschaften saßen nicht im
Geplänkel grüner Rouleaux, die hochgezogen
wurden, und wie viele Hiobsposten ließ ich
klug im Poltern der Rolläden uneröffnet, die
in der Dämmerung niederdonnerten.

Am tiefsten aber konnte mich die Stelle betreffen, wo der Baum im Hofe stand. Sie war

im Pflaster ausgespart, in das ein breiter Eisenring versenkt war. Stäbe durchzogen ihn derart, daß er ein Gitter vorm nackten Erdreich bildete. Es schien mir nicht umsonst so eingefaßt; manchmal sann ich dem nach, was in der schwarzen Kute, aus der der Stamm kam, vorging. Später dehnte ich diese Forschung auf die Droschkenhaltestellen aus. Die Bäume dort wurzelten ähnlich, doch sie waren noch dazu umzäunt, und Kutscher hingen an die Umzäunung ihre Pelerinen, während sie für den Gaul das Pumpenbecken, welches ins Trottoir gesenkt war, mit dem Strahl füllten, der Heu- und Haferreste wegtrieb. Mir waren diese Warteplätze, deren Ruhe nur selten durch den Zuwachs oder Abgang von Wagen unterbrochen wurde, entlegenere Provinzen meines Hofes.

Viel war an seinen Loggien abzulesen: der Versuch, der abendlichen Muße nachzuhängen; die Hoffnung, das Familienleben ins Grüne vorzuschieben; das Bestreben, den Sonntag ohne Rückstand auszuschöpfen. Aber am Ende war das alles eitel. Nichts lehrte der Zustand dieser eines überm anderen befindlichen Gevierte, als wieviel beschwerliche Geschäfte jeder Tag dem folgenden vererbte. Wäscheleinen liefen von einer Wand zur anderen; die Palme sah um so obdachloser aus, als längst nicht mehr der dunkle Erdteil, sondern der benachbarte Salon als ihre Heimat empfunden wurde. So wollte es das Gesetz des Ortes, um den einst die Träume der Bewohner gespielt hatten. Doch ehe er der Vergessenheit verfiel, hatte bisweilen die Kunst ihn zu verklären unternommen. Bald stahl sich eine Ampel, bald eine Bronze, bald eine Chinavase in sein Bereich. Und wenn auch diese Altertümer selten dem Orte Ehre machten, so gewann auf diesen Loggien der Zeitverlauf selbst etwas Altertümliches. Das pompejanische Rot, das sich so oft in breitem Bande an der Wand entlangzog, war der gegebene Hintergrund der Stunden, welche in dieser Abgeschiedenheit sich stauten. Die Zeit veraltete in diesen schattenreichen Gelassen, die sich auf die Höfe öffneten. Und eben darum war der Vormittag, wenn ich auf unserer Loggia auf ihn stieß, so lange schon Vormittag, daß er mehr er selbst schien als auf jedem anderen Fleck. So auch die ferneren

Tageszeiten. Nie konnte ich sie hier erwarten; immer erwarteten sie mich bereits. Sie waren schon lange da, ja gleichsam aus der Mode, wenn ich sie endlich dort aufstöberte.

Später entdeckte ich vom Bahndamm aus die Höfe neu. Und wenn ich dann an schwülen Sommernachmittagen aus dem Abteil auf sie heruntersah, schien sich der Sommer in sie eingesperrt und von der Landschaft losgesagt zu haben. Und die Geranien, die mit roten Blüten aus ihren Kästen sahen, paßten weniger zu ihm als die roten Matratzen, die am Vormittag zum Lüften über den Brüstungen gehangen hatten. Abende, die auf solche Tage folgten, sahen uns — mich und meine Kameraden — manchmal am Tisch der Loggia versammelt. Eiserne Gartenmöbel, die geflochten oder von Schilf umwunden schienen, waren die Sitzgelegenheit. Und auf die Reclamhefte schien aus einem rot- und grüngeflammten Kelch, in dem der Strumpf summte, das Gaslicht nieder: Lesekränzchen. Romeos letzter Seufzer strich durch unsern Hof auf seiner Suche nach dem Echo, das ihm die Gruft der Julia in Bereitschaft hielt.

Seitdem ich Kind war, haben sich die Loggien weniger verändert als die anderen Räume. Doch nicht nur darum sind sie mir noch nah. Es ist vielmehr des Trostes wegen, der in ihrer Unbewohnbarkeit für den liegt, der selber nicht mehr recht zum Wohnen kommt. An ihnen hat die Behausung des Berliners ihre Grenze. Berlin — der Stadtgott selber — beginnt in ihnen. Er bleibt sich dort so gegenwärtig, daß nichts Flüchtiges sich neben ihm behauptet. In seinem Schutze finden Ort und Zeit zu sich und zueinander. Beide lagern sich hier zu seinen Füßen. Das Kind jedoch, das einmal mit im Bunde gewesen war, hält sich, von dieser Gruppe eingefaßt, auf seiner Loggia wie in einem längst ihm zugedachten Mausoleum auf.

.

Pfaueninsel und Glienicke

Der Sommer rückte mich an die Hohenzol-
lern heran. In Potsdam waren es das Neue
Palais oder Sanssouci, Wildpark und Char-
lottenhof, in Babelsberg das Schloß und seine
Gärten, die unsern Sommerwohnungen be-
nachbart waren. Die Nähe dieser dynastischen
Anlagen störte mich beim Spielen nie, indem
ich mir die Gegend, die im Schatten der königlichen Bauten lag, zu eigen machte. Man hätte
die Geschichte meiner Herrschaft schreiben
können, die von meiner Investitur durch einen
Sommertag bis zu dem Rückfall meines Reichs
an den Spätherbst sich erstreckte. Auch ging
mein Dasein ganz in Kämpfen um mein Land
dahin. Was aber ihr Geheimnis machte, war,
daß sie es nicht mit einem Gegenkaiser, sondern sei es mit dieser Erde selber, sei es mit
Geistern, die sie gegen mich entbot, zu tun
hatten. Es war an einem Nachmittage auf der

Pfaueninsel, daß ich in solchem Kampfe mir eine schwere Niederlage holte. Man hatte mir gesagt, ich müsse dort im Grase mich nach Pfauenfedern umsehen. Wieviel verlockender erschien mir nun die Insel als Fundort so bezaubernder Trophäen. Doch als ich dann die Rasenplätze kreuz und quer vergeblich nach dem Versprochenen durchstöbert hatte, beschlich mich, mehr als Groll gegen die Tiere, die mit ihrem unversehrten Federschmuck vor den Volièren hin und her spazierten, Trauer. Funde sind Kindern, was Erwachsenen Siege. Ich hatte etwas gesucht, was mir die Insel ganz zu eigen gegeben, sie ausschließlich mir eröffnet hätte. Mit einer einzigen Feder hätte ich sie in Besitz genommen — nicht nur die Insel, auch den Nachmittag, die Überfahrt von Sakrow mit der Fähre, all dieses wäre erst mit meiner Feder mir ganz und unbestreitbar zugefallen. Die Insel war verloren, und mit ihr mehr als ein Vaterland: die Pfauenerde. Und nun erst las ich in den blanken Fenstern des Schloßhofs vorm Nachhausegehn die Bilder, welche der Glast der Sonne in sie schob: ich solle heute nicht ins Innere treten. Wie aber damals mein Schmerz kein so untröstlicher gewesen wäre, hätte ich nicht mit der Feder, welche mir entging, ein angestammtes Land verloren, wäre an einem Tag die Seligkeit, radeln gelernt zu haben, nicht so groß gewesen, wenn ich nicht damit neue Territorien mir erobert hätte. Das war in einer jener asphaltierten Hallen, wo in der Modezeit des Radfahrsports die Kunst, die heute ein Kind vom andern lernt, so ernsthaft wie jetzt das Autofahren unterrichtet wurde. Die Halle lag auf dem Land bei Glienicke; sie hatte das Gepräge der Zandersäle. Sichtlich stammte sie aus einer Zeit, wo Sport und Freiluft noch durchaus nicht unzertrennliche Gegebenheiten waren. Die verschiedenen Arten des Trainings waren noch nicht in einer durchgängigen und allgemeinen Schulung des Körpers eins geworden. Eifersüchtig war vielmehr jede einzelne darauf bedacht, durch eigene Räume und ein drastisches Kostüm sich streng von allen andern abzukapseln. Auch war es dieser Frühzeit eigen, daß im Sport — zumal in dem, der hier getrieben wurde — die Exzentrizitäten tonangebend waren. Daher bewegten sich in diesen Hallen neben den Herren-, Damen-, Kinderrädern hie und da Gestelle, deren Vorderrad vier-, fünfmal größer als das hintere und deren luftiger Hochsitz das Gestühl von Akrobaten war, die hier eine Nummer einstudierten. Badeanstalten weisen oft getrennte Bassins für Nichtschwimmer und Schwimmer auf; so konnte auch hier von einer Scheidung die Rede sein. Und zwar verlief sie zwischen denen, die auf dem Asphalt sich üben mußten und den andern, die die Halle verlassen und im Garten radeln durften. Es dauerte, bis ich in diese zweite Gruppe rückte, eine Weile. An einem schönen Sommertage aber entließ man mich ins Freie. Ich war betäubt. Der Weg ging über Kies; die Steinchen knirschten, zum ersten Male gab es keinen Schutz vor einer Sonne, die mich blendete. Der Asphalt war schattig, weglos und bequem gewesen. Hier aber lauerten Gefahren an jeder Kurve. Das Rad, obwohl es keinen Freilauf hatte und der Weg noch eben war, ging wie von selbst. Mir aber war, als hätte ich noch nie auf ihm gesessen. Ein eigener Wille begann in seiner Lenkstange sich anzumelden. Jede Unebenheit war im Begriffe, mir mein Gleichgewicht zu rauben. Ich hatte längst verlernt zu fallen, aber nun geschah es, daß die Schwerkraft einen Anspruch, auf den sie jahrelang verzichtet hatte, geltend machte. Mit einmal sank, nach einer kleinen Steigung, der Weg recht plötzlich ab, die Bodenwelle, die mich von ihrem Kamme gleiten ließ, zerstob vor meinem Gummireif zu einer Wolke von Staub und Steinchen. Zweige streiften mir im Vorübereilen das Gesicht, und als ich alle Hoffnung, mich zu halten, schon fahren lassen wollte, winkte plötzlich die sanfte Schwelle vor der Einfahrt mir. Herzklopfend, aber mit dem ganzen Schwung, der der eben zurückgelassene Abhang mir noch mitgegeben hatte, tauchte ich auf dem Rade in dem Schatten der Halle unter. Als ich absprang, war es mit der Gewißheit, daß für diesen Sommer Kohlhasenbrück mit seiner Bahnstation, der Griebnitzsee mit den gewölbten Lauben, die zu den Landungsstegen niedergleiten, Schloß Babelsberg mit seinen ernsten Zinnen und die duftenden Bauernhütten von Glienicke durch die Vermählung mit der Hügelwelle so mühelos in meinen

Schoß gefallen seien wie Herzogtümer oder Königreiche durch Heirat an die kaiserliche Hausmacht.

Der Mond

Das Licht, welches vom Mond herunterfließt, gilt nicht dem Schauplatz unseres Tagesdaseins. Die Weite, die es zweifelhaft erhellt, scheint einer Gegen- oder Nebenerde zu gehören. Sie ist nicht mehr die, der der Mond als Satellit folgt, sondern sie selbst in einen Mondtrabanten verwandelte. Ihr breiter Busen, deren Atemzug die Zeit war, rührt sich nicht mehr; endlich ist die Schöpfung heimgekehrt und darf nun wieder den Witwenschleier antun, den der Tag ihr fortgerissen hatte. Der blasse Strahl, der durch die Bretterjalousie zu mir hereindrang, gab mir das zu verstehen. Mein Schlaf fiel unruhig aus; der Mond zerschnitt ihn mit seinem Kommen und mit seinem Gehen. Wenn er im Zimmer stand und ich erwachte, so war ich ausquartiert, denn es schien niemand als ihn bei sich beherbergen zu wollen.

Das erste, worauf dann mein Blick fiel, waren die beiden cremefarbenen Becken des Waschgeschirrs. Bei Tage kam ich nie darauf, mich über sie aufzuhalten. Im Mondschein aber war das blaue Band, das durch den oberen Teil der Becken sich hindurchzog, ein Ärgernis. Es täuschte ein gewebtes vor, das sich durch einen Saum hindurchschlang. Und in der Tat — der Rand der Becken war gefältelt wie eine Krause. Behäbige Kannen standen in der Mitte der beiden, aus dem gleichen Porzellan, das gleiche Blumenmuster tragend. Wenn ich aus meinem Bette stieg, klirrten sie, und dieses Klirren pflanzte auf den Marmorbelag des Waschtischs sich zu Schalen und Näpfen, Gläsern und Karaffen fort. So froh ich aber war, ein Lebenszeichen — sei es auch nur das Echo meines eigenen — der nächtlichen Umgebung abzulauschen, so war es doch ein unverläßliches und wartete darauf, als falscher Freund mich in dem Augenblick zu überlisten, in dem ich mich's am wenigsten versah. Das war, wenn ich die Hand mit der Karaffe erhob, um Wasser in ein Glas zu schenken. Das Glucksen dieses Wassers, das Geräusch, mit dem ich erst die

Karaffe, dann das Glas abstellte — alles schlug an mein Ohr als Wiederholung. Denn alle Stellen jener Nebenerde, auf welche ich entrückt war, schien das Einst bereits besetzt zu halten. So kam mir jeder Laut und Augenblick als Doppelgänger seiner selbst entgegen. Und wenn ich das für eine Weile hatte über mich ergehen lassen, so näherte ich mich meinem Bette voller Furcht, mich selbst schon darin ausgestreckt zu finden.

Ganz legte sich die Angst erst, wenn ich wieder im Rücken die Matratze fühlte. Dann schlief ich ein. Das Mondlicht rückte langsam aus meiner Stube. Und oft lag sie bereits im Dunkeln, wenn ich ein zweites oder drittes Mal erwachte. Die Hand mußte als erste sich beherzen, über den Grabenrand des Schlafs zu tauchen, in dem sie Deckung vor dem Traum gefunden hatte. Und wie noch nach Gefechtsschluß einer manchmal von einem Blindgänger ereilt wird, blieb die Hand gewärtig, unterwegs verspätet einem Traum anheimzufallen. Wenn dann das Nachtlicht, flackernd, sie und mich beschwichtigt hatte, stellte sich heraus, daß von der Welt nichts mehr vorhanden war als eine einzige verstockte Frage. Mag sein, daß diese Frage in den Falten des Vorhangs saß, welcher vor meiner Tür, um die Geräusche abzuhalten, hing. Mag sein, sie war nichts als ein Rückstand vieler vergangener Nächte. Endlich mag es sein, daß sie die andere Seite des Befremdens war, das der Mond in mir verbreitete. Sie lautete: warum denn etwas auf der Welt, warum die Welt sei? Mit Staunen stieß ich darauf, nichts in ihr könne mich nötigen, die Welt zu denken. Ihr Nichtsein wäre mir um keinen Deut fragwürdiger vorgekommen als ihr Sein, welches dem Nichtsein zuzublinzeln schien. Der Mond hatte ein leichtes Spiel mit diesem Sein.

Die Kindheit lag schon beinahe hinter mir, da endlich schien er gewillt, den Anspruch auf die Erde, den er sonst nur bei Nacht erhoben hatte, vor ihrem Tagesantlitz anzumelden. Hoch überm Horizont, groß, aber blaß, stand er am Himmel eines Traumes über den Straßen von Berlin. Es war noch hell. Die Meinigen umgaben mich, ein wenig starr, wie auf einer Daguerreotypie. Nur meine Schwester fehlte. ›Wo ist Dora?‹ hörte ich meine Mutter rufen.

Der Mond, der voll am Himmel gestanden
hatte, war plötzlich immer schneller ange-
wachsen. Näher und näher kommend, riß er
den Planeten auseinander. Das Geländer des
eisernen Balkons, auf dem wir alle über der
Straße Platz genommen hatten, zerfiel in
Stücken, und die Leiber, die ihn bevölkert
hatten, bröckelten geschwind nach allen Seiten
auseinander. Der Trichter, den der Mond im
Kommen bildete, sog alles in sich ein. Nichts
konnte hoffen, unverwandelt durch ihn hin-
durchzugehen. ›Wenn es jetzt Schmerz gibt,
gibt es keinen Gott‹, hörte ich mich erkennen,
und sammelte zugleich, was ich hinüberneh-
men wollte. Alles tat ich in einen Vers. Er war
mein Abschied. ›O Stern und Blume, Geist
und Kleid, Lieb, Leid und Zeit und Ewigkeit.‹
Jedoch, indem ich diesen Worten mich an-
heimzugeben suchte, war ich schon erwacht.
Und nun erst schien das Grauen, mit dem
eben der Mond mich überzogen hatte, sich
auf ewig, trostlos, bei mir einzunisten. Denn
dies Erwachen steckte nicht, wie andere, dem
Traum sein Ziel, sondern verriet mir, daß es
ihm entgangen und das Regiment des Mon-

des, welches ich als Kind erfahren hatte, für eine weitere Weltzeit gescheitert war.

Das bucklichte Männlein

Solange ich klein war, sah ich beim Spazieren-
gehen gern durch jene wagerechten Gatter,
die auch dann erlaubten, vor einem Schaufenster sich aufzustellen, wenn gerade unter
ihm ein Schacht sich auftat, welcher dazu
diente, mit etwas Licht und Luft die Keller-
luken, die in der Tiefe sich befanden, zu ver-
sorgen. Die Luken gingen kaum ins Freie,
sondern eher ins Unterirdische. Daher die Neugier, mit der ich durch die Stäbe jedes Gatters,
auf dem ich gerade fußte, niedersah, um aus
dem Souterrain den Anblick eines Kanarien-
vogels, einer Lampe oder eines Bewohners
mit davonzutragen. Es war nicht immer möglich. Wenn ich aber bei Tage dem vergebens
nachgetrachtet hatte, so konnte es geschehen,
daß sich nachts der Spieß umkehrte und ich
selbst im Traum dingfest gemacht wurde von
Blicken, die aus solchen Kellerlöchern nach mir

zielten. Gnomen mit spitzen Mützen warfen sie.
Doch kaum war ich vor ihnen bis ins Mark
erschrocken, waren sie schon wieder fort.
Nicht streng geschieden war für mich die Welt,
welche bei Tage diese Fenster bevölkerte, von
der, die nachts dort auf der Lauer lag, um
mich in meinem Traum zu überfallen. Ich
wußte darum gleich, woran ich war, als ich in
meinem ›Deutschen Kinderbuch‹ von Georg
Scherer auf die Stelle stieß:

›Will ich in mein Keller gehn,
Will mein Weinlein zapfen;
Steht ein bucklicht Männlein da,
Tät mir'n Krug wegschnappen.‹

Ich kannte jene Sippe, die auf Schaden und
Schabernack versessen war, und daß sie sich im
Keller zu Hause fühlte, war nicht wunderlich.
›Lumpengesindel‹ war es. Und gleich erinnerte ich mich der Nachtgesellen, die, so spät,
draußen zum Hühnchen und zum Hähnchen
stoßen: der Nähnadel sowie der Stecknadel,
die beide rufen, ›es würde gleich stichdunkel
werden‹. Was sie sodann am Wirt, der sie des

Nachts aufnahm, verübten, dünkte sie wohl nur ein Spaß. Mich aber grauste es. Von ihrem Schlage war der Bucklige. Doch kam er mir nicht näher. Erst heute weiß ich, wie er geheißen hat. Meine Mutter verriet mir's, ohne es zu wissen. ›Ungeschickt läßt grüßen‹, sagte sie mir immer, wenn ich etwas zerbrochen hatte oder hingefallen war. Und nun verstehe ich, wovon sie sprach. Sie sprach vom bucklichten Männlein, welches mich angesehen hatte. Wen dieses Männlein ansieht, gibt nicht acht. Nicht auf sich selbst und auf das Männlein auch nicht. Er steht verstört vor einem Scherbenhaufen:

> ›Will ich in mein Küchel gehn,
> Will mein Süpplein kochen;
> Steht ein bucklicht Männlein da,
> Hat mein Töpflein brochen.‹

Wo es erschien, da hatte ich das Nachsehn. Ein Nachsehn, dem die Dinge sich entzogen, bis aus dem Garten übers Jahr ein Gärtlein, ein Kämmerlein aus meiner Kammer und ein Bänklein aus der Bank geworden war. Sie schrumpften, und es war, als wüchse ihnen ein Buckel, der sie selber nun der Welt des Männleins für sehr lange einverleibte. Das Männlein kam mir überall zuvor. Zuvorkommend stellte sich's in den Weg. Doch sonst tat er mir nichts, der graue Vogt, als von jedwedem Ding, an das ich kam, den Halbpart des Vergessens einzutreiben:

›Will ich in mein Stüblein gehn,
Will mein Müslein essen:
Steht ein bucklicht Männlein da,
Hat's schon halber 'gessen.‹

So stand das Männlein oft. Allein ich habe es nie gesehn. Es sah nur immer mich. Und desto schärfer, je weniger ich von mir selber sah. Ich denke mir, daß jenes ›ganze Leben‹, von dem man sich erzählt, daß es vorm Blick der Sterbenden vorbeizieht, aus solchen Bildern sich zusammensetzt, wie sie das Männlein von uns allen hat. Sie flitzen rasch vorbei wie jene Blätter der straff gebundenen Büchlein, die einmal Vorläufer unserer Kinematographen waren. Mit leisem Druck bewegte sich der

Daumen an ihrer Schnittfläche entlang; dann wurden sekundenweise Bilder sichtbar, die sich voneinander fast nicht unterschieden. In ihrem flüchtigen Ablauf ließen sie den Boxer bei der Arbeit und den Schwimmer, wie er mit seinen Wellen kämpft, erkennen. Das Männlein hat die Bilder auch von mir. Es sah mich im Versteck und vor dem Zwinger des Fischotters, am Wintermorgen und vor dem Telephon im Hinterflur, am Brauhausberge mit den Faltern und auf meiner Eisbahn bei der Blechmusik, vorm Nähkasten und über meinem Schubfach, im Blumeshof und wenn ich krank zu Bett lag, in Glienicke und auf der Bahnstation. Jetzt hat es seine Arbeit hinter sich. Doch seine Stimme, welche an das Summen des Gasstrumpfs anklingt, wispert über die Jahrhundertschwelle mir die Worte nach: ›Liebes Kindlein, ach, ich bitt, / Bet fürs bucklicht Männlein mit.‹

Nachwort

Walter Benjamin, in Berlin geboren, hat bis zur Auswanderung dort gewohnt. Weite Reisen, lange Perioden der Abwesenheit in Paris, in Capri, auf den Balearen haben ihn der Stadt nicht abspenstig gemacht. Kaum einer kannte in ihren Quartieren so gründlich sich aus; ihre Orts- und Straßennamen waren ihm vertraut wie Namen der Genesis. Dem Sohn einer altberliner jüdischen Familie – und dem eines Antiquars – erschien noch das Traditionslose der neudeutschen Kapitale von je als verbürgt durch Tradition, das Jüngste als Gleichnis eines Ältesten.

Die ›Berliner Kindheit‹ ist zu Beginn der dreißiger Jahre entstanden. Sie gehört in den Umkreis jener Urgeschichte der Moderne, um die Benjamin während der letzten fünfzehn Jahre seines Lebens sich mühte, und bildet das subjektive Gegengewicht zu den Stoffmassen, die er für das projektierte Werk über die Pariser Passagen zusammentrug. Die geschichtlichen Archetypen, die er in diesem aus ihrem pragmatisch-gesellschaftlichen und philosophischen Ursprung entwickeln

wollte, sollten in dem Berliner Buch aus der Un-
mittelbarkeit der Erinnerung jäh aufleuchten, mit
der Gewalt des Schmerzes ums Unwiederbringliche, das, einmal verloren, zur Allegorie des
eigenen Untergangs gerinnt.

Denn die Bilder, die es zu befremdender Nähe
heraufholt, sind nicht idyllisch und nicht kon-
templativ. Über ihnen liegt der Schatten des
Hitlerschen Reichs. Traumhaft vermählen sie den
Schauder davor dem Längstgewesenen. Mit pani-
schem Schrecken wird das bürgerliche Ingenium,
an der zerfallenden Aura der eigenen biographi-
schen Vergangenheit, seiner selbst inne: als Schein.
Es stimmt zu dem Buch, daß Benjamin die Publi-
kation des Ganzen nicht erlebte; daß er in der
Not der ersten Emigrationsjahre viele der Stücke
Blättern, vor allem der Frankfurter und der
Vossischen Zeitung, zum oft pseudonymen Einzel-
abdruck überlassen mußte.

Die Reihenfolge hat er nicht mehr festgelegt; sie
variiert in den verschiedenen Manuskripten. Doch
sollte das Bucklichte Männlein am Ende stehen.
Wenn dessen Figur das Unwiederbringliche ein-
sammelt, dann ähnelt dafür die des Erzählers
eher dem Rumpelstilzchen, das nur leben kann,
solange niemand weiß, wie es heißt, und das
selber seinen Namen verrät. Die Luft um die
Schauplätze, welche in Benjamins Darstellung zu
erwachen sich anschicken, ist tödlich. Auf sie fällt

der Blick des Verurteilten, und als verurteilte ge-
wahrt er sie. Die Trümmer von Berlin antworten
den Innervationen, welche der Stadt um 1900
gelten.

Aber die tödliche Luft ist die des Märchens, so
wie das kichernde Rumpelstilzchen ins Märchen
gehört, nicht in den Mythos. Auch in den unheil-
voll-zärtlichen Miniaturen blieb Benjamin der
Schatzhauser der Philosophie, der Fürst der
Zwerge. Tröstlich legt die Explosion der Verzweiflung das Feenland frei, von dem in einem
apokryphen, Hölderlin zugeschriebenen Gedicht
die Rede ist. Es klingt, wie Benjamins Schrift aus-
sah, und er gewann es lieb:

> Mit Rosen umweben
> Der Sterblichen Leben
> Die gütigen Feen;
> Sie wandeln und walten
> In tausend Gestalten
> Bald häßlich, bald schön.
> Da, wo sie gebieten,
> Lacht alles, mit Blüten
> Und Grün emailliert;
> Ihr Schloß von Topasen
> Ist herrlich mit Vasen
> Von Demant geziert.
> Von Ceylons Gedüfte
> Sind ewig die Lüfte

Der Gärten durchweht
Die Gänge, statt Sandes,
Nach Weise des Landes
Mit Perlen besät.
Seit Salomo nahte
Dem luftigen Staate
Kein Aeronaut.
Dies hat mir, nach Schriften
In Mumiengrüften,
Ein Sylphe vertraut.

Die Märchenphotographien der Berliner Kindheit – das sind nicht nur Trümmer aus der Vogel-
perspektive des längst entrückten Lebens, sondern
auch Momentaufnahmen aus dem luftigen Staate,
welche jener Aeronaut knipste, indem er seine
Modelle dazu bewegte, recht freundlich still zu
halten.

Inhalt

Tiergarten 9

Kaiserpanorama 14

Siegessäule 18

Telephon 22

Schmetterlingsjagd 26

Abreise und Rückkehr 30

Zu spät gekommen 33

Wintermorgen 34

Steglitzer Ecke Genthiner 37

Die Speisekammer 42

Erwachen des Sexus 44

Eine Todesnachricht 46

Markthalle Magdeburger Platz 48

Verstecke 50

Herr Knoche und Fräulein Pufahl 52

Der Fischotter 56

Blumeshof 12 61

Die Mummerehlen 69

Die Farben 75

Gesellschaft 77

Der Lesekasten 84

Das Karussell 87

Das Fieber 89

Zwei Blechkapellen 98

Schmöker 102

Ein Gespenst 106

Das Pult 110

Ein Weihnachtsengel 115

Schränke 119

Bettler und Huren 127

Hallesches Tor 131

Der Nähkasten 133

Unglücksfälle und Verbrechen 138

Loggien 144

Pfaueninsel und Glienicke 150

Der Mond 156

Das bucklichte Männlein 162

Nachwort 168

Bibliothek Suhrkamp

Verzeichnis der letzten Nummern

487 Hans-Georg Gadamer, Vernunft im Zeitalter der Wissenschaft
488 Yukio Mishima, Nach dem Bankett
489 Thomas Bernhard, Amras
490 Robert Walser, Der Gehülfe
491 Patricia Highsmith, Als die Flotte im Hafen lag
492 Julien Green, Der Geisterseher
493 Stefan Zweig, Die Monotonisierung der Welt
494 Samuel Beckett, That Time/Damals
495 Thomas Bernhard, Die Berühmten
496 Günter Eich, Marionettenspiele
497 August Strindberg, Am offenen Meer
498 Joseph Roth, Die Legende vom heiligen Trinker
499 Hermann Lenz, Dame und Scharfrichter
500 Wolfgang Koeppen, Jugend
501 Andrej Belyj, Petersburg
503 Cortázar, Geschichten der Cronopien und Famen
504 Juan Rulfo, Der Llano in Flammen
505 Carlos Fuentes, Zwei Novellen
506 Augusto Roa Bastos, Menschensohn
508 Alejo Carpentier, Barockkonzert
509 Elisabeth Borchers, Gedichte
510 Jurek Becker, Jakob der Lügner
512 James Joyce, Die Toten/The Dead
513 August Strindberg, Fräulein Julie
514 Sigmund Freud, Eine Kindheitserinnerung des Leonardo da Vinci
515 Robert Walser, Jakob von Gunten
517 Luigi Pirandello, Mattia Pascal
519 Rainer Maria Rilke, Gedichte an die Nacht
520 Else Lasker-Schüler, Mein Herz
521 Marcel Schwob, 22 Lebensläufe
522 Mircea Eliade, Die Pelerine
523 Hans Erich Nossack, Der Untergang
524 Jerzy Andrzejewski, Jetzt kommt über dich das Ende
525 Günter Eich, Aus dem Chinesischen
526 Gustaf Gründgens, Wirklichkeit des Theaters
527 Martin Walser, Ehen in Philippsburg
528 René Schickele, Die Flaschenpost
529 Flann O'Brien, Das Barmen
533 Wolfgang Hildesheimer, Biosphärenklänge
534 Ingeborg Bachmann, Malina
535 Ludwig Wittgenstein, Vermischte Bemerkungen
536 Zbigniew Herbert, Ein Barbar in einem Garten

537 Rainer Maria Rilke, Ewald Tragy
538 Robert Walser, Die Rose
539 Malcolm Lowry, Die letzte Adresse
540 Boris Vian, Die Gischt der Tage
541 Hermann Hesse, Josef Knechts Lebensläufe
542 Hermann Hesse, Magie des Buches
543 Hermann Lenz, Spiegelhütte
544 Federico García Lorca, Gedichte
545 Ricarda Huch, Der letzte Sommer
546 Wilhelm Lehmann, Gedichte
547 Walter Benjamin, Deutsche Menschen
548 Bohumil Hrabal, Tanzstunden für Erwachsene und
    Fortgeschrittene
549 Nelly Sachs, Gedichte
550 Ernst Penzoldt, Kleiner Erdenwurm
551 Octavio Paz, Gedichte
552 Luigi Pirandello, Einer, Keiner, Hunderttausend
553 Strindberg, Traumspiel
554 Carl Seelig, Wanderungen mit Robert Walser
555 Gershom Scholem, Von Berlin nach Jerusalem
556 Thomas Bernhard, Immanuel Kant
557 Ludwig Hohl, Varia
559 Raymond Roussel, Locus Solus
560 Jean Gebser, Rilke und Spanien
561 Stanisław Lem, Die Maske · Herr F.
562 Raymond Chandler, Straßenbekanntschaft Noon Street
563 Konstantin Paustowskij, Erzählungen vom Leben
564 Rudolf Kassner, Zahl und Gesicht
565 Hugo von Hofmannsthal, Das Salzburger große Welttheater
567 Siegfried Kracauer, Georg
568 Valery Larbaud, Glückliche Liebende . . .
570 Graciliano Ramos, Angst
571 Karl Kraus, Über die Sprache
572 Rudolf Alexander Schröder, Ausgewählte Gedichte
573 Hans Carossa, Rumänisches Tagebuch
574 Marcel Proust, Combray
575 Theodor W. Adorno, Berg
576 Vladislav Vančura, Der Bäcker Jan Marhoul
577 Mircea Eliade, Die drei Grazien
578 Georg Kaiser, Villa Aurea
579 Gertrude Stein, Zarte Knöpfe
580 Elias Canetti, Aufzeichnungen
581 Max Frisch, Montauk
582 Samuel Beckett, Um abermals zu enden
583 Mao Tse-tung, 39 Gedichte
584 Ernst Kreuder, Die Gesellschaft vom Dachboden
585 Peter Weiss, Der Schatten des Körpers des Kutschers

586 Herman Bang, Das weiße Haus
587 Herman Bang, Das graue Haus
588 Hermann Broch, Menschenrecht und Demokratie
589 D. H. Lawrence, Auferstehungsgeschichte
590 O'Brien, Zwei Vögel beim Schwimmen
591 André Gide, Die Rückkehr des verlorenen Sohnes
592 Jean Gebser, Lorca oder das Reich der Mütter
593 Robert Walser, Der Spaziergang
594 Natalia Ginzburg, Caro Michele
595 Raquel de Queiroz, Das Jahr 15
596 Hans Carossa, Ausgewählte Gedichte
597 Mircea Eliade, Der Hundertjährige
599 Hans Mayer, Doktor Faust und Don Juan
600 Thomas Bernhard, Ja
601 Marcel Proust, Der Gleichgültige
602 Hans Magnus Enzensberger, Mausoleum
603 Stanisław Lem, Golem XIV
604 Max Frisch, Der Traum des Apothekers von Locarno
605 Ludwig Hohl, Vom Arbeiten · Bild
606 Herman Bang, Exzentrische Existenzen
607 Guillaume Apollinaire, Bestiarium
608 Hermann Hesse, Klingsors letzter Sommer
609 René Schickele, Die Witwe Bosca
610 Machado de Assis, Der Irrenarzt
611 Wladimir Trendrjakow, Die Nacht nach der Entlassung
612 Peter Handke, Die Angst des Tormanns beim Elfmeter
613 André Gide, Die Aufzeichnungen und Gedichte des André Walter
614 Bernhard Guttmann, Das alte Ohr
616 Ludwig Wittgenstein, Bemerkungen über die Farben
617 Paul Nizon, Stolz
618 Alexander Lernet-Holenia, Die Auferstehung des Maltravers
619 Jean Tardieu, Mein imaginäres Museum
620 Arno Holz / Johannes Schlaf, Papa Hamlet
621 Hans Erich Nossack, Vier Etüden
622 Reinhold Schneider, Las Casas vor Karl V.
624 Ludwig Hohl, Bergfahrt
627 Vladimir Nabokov, Lushins Verteidigung
628 Donald Barthelme, Komm wieder Dr. Caligari
629 Louis Aragon, Libertinage, die Ausschweifung
630 Ödön von Horváth, Sechsunddreißig Stunden
631 Bernard Shaw, Sozialismus für Millionäre
633 Lloyd deMause, Über die Geschichte der Kindheit
634 Rainer Maria Rilke, Die Sonette an Orpheus
635 Aldous Huxley, Das Lächeln der Gioconda
637 Wolf von Niebelschütz, Über Dichtung
645 Marie Luise Kaschnitz, Beschreibung eines Dorfes
646 Thomas Bernhard, Der Weltverbesserer

Bibliothek Suhrkamp

Alphabetisches Verzeichnis

Adorno: Berg 575
- Literatur 1 47
- Literatur 2 71
- Literatur 3 146
- Literatur 4 395
- Mahler 61
- Minima Moralia 236
- Über Walter Benjamin 260
Aitmatow: Dshamilja 315
Alain: Die Pflicht glücklich zu sein 470
Alain-Fournier: Der große Meaulnes 142
- Jugendbildnis 23
Alberti: Zu Lande zu Wasser 60
Anderson: Winesburg, Ohio 44
Andrić: Hof 38
Andrzejewski: Appellation 325
- Jetzt kommt über dich das Ende 524
Apollinaire: Bestiarium 607
Aragon: Libertinage, die Ausschweifung 629
Arghezi: Kleine Prosa 156
Artmann: Gedichte 473
de Assis: Der Irrenarzt 610
Asturias: Legenden 358
Bachmann: Malina 534
Ball: Flametti 442
- Hermann Hesse 34
Bang: Das weiße Haus 586
- Das graue Haus 587
- Exzentrische Existenzen 606
Barnes: Antiphon 241
- Nachtgewächs 293
Baroja: Shanti Andía, der Ruhelose 326
Barthelme: City Life 311
- Komm wieder Dr. Caligari 628
Barthes: Die Lust am Text 378
Baudelaire: Gedichte 257
Becher: Gedichte 453

Becker: Jakob der Lügner 510
Beckett: Erste Liebe 277
- Erzählungen 82
- Glückliche Tage 98
- Mercier und Camier 327
- Residua 254
- That Time/Damals 494
- Um abermals zu enden 582
- Verwaiser 303
- Wie es ist 118
Belyj: Petersburg 501
Benjamin: Berliner Chronik 251
- Berliner Kindheit 2
- Denkbilder 407
- Deutsche Menschen 547
- Einbahnstraße 27
- Über Literatur 232
Benn: Weinhaus Wolf 202
Bernhard: Amras 489
- Der Präsident 440
- Der Weltverbesserer 646
- Die Berühmten 495
- Die Jagdgesellschaft 376
- Die Macht der Gewohnheit 415
- Ignorant 317
- Immanuel Kant 556
- Ja 600
- Midland 272
- Verstörung 229
Bibesco: Begegnung m. Proust 318
Bioy-Casares: Morels Erfindung 443
Blixen: Babettes Gastmahl 480
Bloch: Erbschaft dieser Zeit 388
- Schiller 234
- Spuren. Erweiterte Ausgabe 54
- Thomas Münzer 77
- Verfremdungen 1 85
- Verfremdungen 2 120
- Zur Philosophie der Musik 398
Block: Sturz 290
Bond: Lear 322

Borchers: Gedichte 509
Brecht: Die Bibel 256
– Flüchtlingsgespräche 63
– Gedichte und Lieder 33
– Geschichten 81
– Hauspostille 4
– Klassiker 287
– Messingkauf 140
– Me-ti 228
– Politische Schriften 242
– Schriften zum Theater 41
– Svendborger Gedichte 335
– Turandot 206
Breton: L'Amour fou 435
– Nadja 406
Broch: Demeter 199
– Esch 157
– Gedanken zur Politik 245
– Hofmannsthal und seine Zeit 385
– Huguenau 187
– James Joyce 306
– Magd Zerline 204
– Menschenrecht und Demokratie 588
– Pasenow 92
Brudziński: Rote Katz 266
Busoni: Entwurf einer neuen Ästhetik der Tonkunst 397
Camus: Der Fall 113
– Jonas 423
– Ziel eines Lebens 373
Canetti: Aufzeichnungen 580
– Der Überlebende 449
Capote: Die Grasharfe 62
Carossa: Gedichte 596
– Rumänisches Tagebuch 573
Carpentier: Barockkonzert 508
– Das Reich von dieser Welt 422
Celan: Ausgewählte Gedichte 264
– Gedichte I 412
– Gedichte II 413
Chandler: Straßenbekanntschaft Noon Street 562
Cortázar: Geschichten der Cronopien und Famen 503
Cocteau: Nacht 171

Conrad: Jugend 386
Curtius: Marcel Proust 28
Döblin: Berlin Alexanderplatz 451
Duras: Herr Andesmas 109
Ehrenburg: Julio Jurenito 455
Eich: Aus dem Chinesischen 525
– Gedichte 368
– In anderen Sprachen 135
– Katharina 421
– Marionettenspiele 496
– Maulwürfe 312
– Träume 16
Einstein: Bebuquin 419
Eliade: Das Mädchen Maitreyi 429
– Der Hundertjährige 597
– Die drei Grazien 577
– Die Sehnsucht nach dem Ursprung 408
– Die Pelerine 522
– Mântuleasa-Straße 328
Eliot: Das wüste Land 425
– Gedichte 130
– Old Possums Katzenbuch 10
Enzensberger: Mausoleum 602
Faulkner: Der Bär 56
– Wilde Palmen 80
Fitzgerald: Taikun 91
Fleißer: Abenteuer 223
– Ein Pfund Orangen 375
Freud: Briefe 307
– Leonardo da Vinci 514
Frisch: Andorra 101
– Bin 8
– Biografie: Ein Spiel 225
– Der Traum des Apothekers von Locarno 604
– Homo faber 87
– Montauk 581
– Tagebuch 1946–49 261
Fuentes: Zwei Novellen 505
Gadamer: Vernunft im Zeitalter der Wissenschaft 487
– Wer bin Ich und wer bist Du? 352

Gadda: Die Erkenntnis des
  Schmerzes 426
– Erzählungen 160
Gebser: Lorca oder das Reich
  der Mütter 592
– Rilke und Spanien 560
Gide: Die Aufzeichnungen und
  Gedichte des André Walter
  613
– Die Rückkehr des verlorenen
  Sohnes 591
Ginsburg: Caro Michele 594
Gorki: Zeitgenossen 89
Green: Der Geisterseher 492
Gründgens: Wirklichkeit des
  Theaters 526
Guillén: Ausgewählte Gedichte
  411
Guttmann: Das alte Ohr 614
Habermas: Philosophisch-poli-
  tische Profile 265
Haecker: Tag- und Nachtbücher
  478
Hamsun: Hunger 143
– Mysterien 348
Handke: Die Angst des Tor-
  manns beim Elfmeter 612
Hašek: Partei 283
Heimpel: Die halbe Violine
  403
Hemingway: Der alte Mann
  214
Herbert: Ein Barbar in einem
  Garten 536
– Herr Cogito 416
– Im Vaterland der Mythen 339
– Inschrift 384
Hermlin: Der Leutnant Yorck
  von Wartenburg 381
Hesse: Briefwechsel m. Th. Mann
  441
– Demian 95
– Eigensinn 353
– Glaube 300
– Glück 344
– Iris 369
– Klingsors letzter Sommer 608

– Josef Knechts Lebensläufe 541
– Knulp 75
– Kurgast 329
– Legenden 472
– Magie des Buches 542
– Morgenlandfahrt 1
– Musik 483
– Narziß und Goldmund 65
– Politische Betrachtungen 244
– Siddhartha 227
– Steppenwolf 226
– Stufen 342
– Vierter Lebenslauf 181
– Wanderung 444
Highsmith: Als die Flotte im
  Hafen lag 491
Hildesheimer: Biosphärenklänge
  533
– Cornwall 281
– Hauskauf 417
– Lieblose Legenden 84
– Masante 465
– Tynset 365
Hofmannsthal: Briefwechsel
  469
– Das Salzburger große Welt-
  theater 565
– Gedichte und kleine Dramen
  174
Hohl: Bergfahrt 624
– Nuancen und Details 438
– Varia 557
– Vom Arbeiten · Bild 605
– Vom Erreichbaren 323
– Weg 292
Holz/Schlaf: Papa Hamlet 620
Horkheimer: Die gesellschaftliche
  Funktion der Philosophie 391
Horváth: Don Juan 445
– Glaube Liebe Hoffnung 361
– Italienische Nacht 410
– Kasimir und Karoline 316
– Sechsunddreißig Stunden 630
– Von Spießern 285
– Wiener Wald 247
Hrabal: Moritaten 360
– Tanzstunden 548

Huch: Der letzte Sommer
545
Huchel: Ausgewählte Gedichte
345
Hughes: Sturmwind auf Jamaika
363
– Walfischheim 14
Huxley: Das Lächeln der
Gioconda 335
Inoue: Jagdgewehr 137
– Stierkampf 273
Jacob: Würfelbecher 220
James: Die Tortur 321
Jouve: Paulina 271
Joyce: Anna Livia Plurabelle
253
– Briefe an Nora 280
– Dubliner 418
– Giacomo Joyce 240
– Kritische Schriften 313
– Porträt des Künstlers 350
– Stephen der Held 338
– Die Toten/The Dead 512
– Verbannte 217
Kafka: Der Heizer 464
– Die Verwandlung 351
– Er 97
Kaiser: Villa Aurea 578
Kasack: Stadt 296
Kasakow: Larifari 274
Kaschnitz: Beschreibung eines
Dorfes 645
– Gedichte 436
– Orte 486
– Vogel Rock 231
Kassner: Zahl und Gesicht 564
Kästner: Aufstand der Dinge
476
– Zeltbuch von Tumilat 382
Kawabata: Träume im Kristall
383
Kawerin: Ende einer Bande 332
– Unbekannter Meister 74
Koeppen: Jugend 500
– Tauben im Gras 393
Kołakowski: Himmelsschlüssel
207

Kolář: Das sprechende Bild 288
Kracauer: Freundschaft 302
– Georg 567
– Ginster 107
Kraft: Franz Kafka 211
– Spiegelung der Jugend 356
Kraus: Nestroy und die Nach-
welt 387
– Sprüche 141
– Über die Sprache 571
Kreuder: Die Gesellschaft vom
Dachboden 584
Krolow: Alltägliche Gedichte
219
– Nichts weiter als Leben 262
Kudszus: Jaworte 252
Lampe: Septembergewitter 481
Landolfi: Erzählungen 185
Landsberg: Erfahrung des Todes
371
Larbaud: Glückliche
Liebende . . . 568
Lasker-Schüler: Mein Herz 520
Lawrence: Auferstehungs-
geschichte 589
Lehmann: Gedichte 546
Leiris: Mannesalter 427
Lem: Das Hohe Schloß 405
– Der futurologische Kongreß
477
– Die Maske · Herr F. 561
– Golem XIV 603
– Robotermärchen 366
Lenz: Dame und Scharfrichter
499
– Der Kutscher und der
Wappenmaler 428
– Spiegelhütte 543
Lernet-Holenia: Die Auferstehung
des Maltravers 618
Levin: James Joyce 459
Llosa: Die kleinen Hunde 439
Loerke: Anton Bruckner 39
– Gedichte 114
Lorca: Bluthochzeit/Yerma 454
– Gedichte 544
Lowry: Die letzte Adresse 539

Lucebert: Gedichte 259
Majakowskij: Ich 354
– Liebesbriefe an Lilja 238
– Politische Poesie 182
Mann, Heinrich: Die kleine
 Stadt 392
– Politische Essays 209
Mann, Thomas: Briefwechsel mit
 Hermann Hesse 441
– Leiden und Größe der
 Meister 389
– Schriften zur Politik 243
Mao Tse-tung: 39 Gedichte 583
Marcuse: Triebstruktur und
 Gesellschaft 158
Maurois: Marcel Proust 286
deMause: Über die Geschichte der
 Kindheit 633
Mayer: Brecht in der Geschichte
 284
– Doktor Faust und Don Juan
 599
– Goethe 367
Mayoux: James Joyce 205
Michaux: Turbulenz 298
Minder: Literatur 275
Mishima: Nach dem Bankett
 488
Mitscherlich: Idee des Friedens
 233
– Versuch, die Welt besser zu
 bestehen 246
Musil: Tagebücher 90
– Törleß 448
Nabokov: Lushins Verteidigung
 627
Neruda: Gedichte 99
Niebelschütz: Über Dichtung
 637
Nizan: Das Leben des
 Antoine B. 402
Nizon: Stolz 617
Nossack: Beweisaufnahme 49
– Der Untergang 523
– Interview 117
– Nekyia 72
– November 331

– Sieger 270
– Vier Etüden 621
Nowaczyński: Schwarzer Kauz
 310
O'Brien, Der dritte Polizist 446
– Das Barmen 529
– Zwei Vögel beim Schwimmen
 590
Olescha: Neid 127
Onetti: Die Werft 457
Palinurus: Grab 11
Pasternak: Initialen 299
– Kontra-Oktave 456
Paustowskij: Erzählungen vom
 Leben 563
Pavese: Das Handwerk
 des Lebens 394
– Mond 111
Paz: Das Labyrinth der
 Einsamkeit 404
– Gedichte 551
Penzoldt: Kleiner Erdenwurm 550
– Patient 25
– Squirrel 46
Piaget: Weisheit und Illusionen
 der Philosophie 362
Pirandello: Einer, Keiner,
 Hunderttausend 552
– Mattia Pascal 517
Plath: Ariel 380
– Glasglocke 208
Platonov: Baugrube 282
Ponge: Im Namen der Dinge 336
Portmann: Vom Lebendigen
 346
Pound: ABC des Lesens 40
– Wort und Weise 279
Proust: Briefwechsel mit der
 Mutter 239
– Combray 574
– Der Gleichgültige 601
– Swann 267
– Tage der Freuden 164
– Tage des Lesens 400
Queiroz: Das Jahr 15 595
Queneau: Stilübungen 148
– Zazie in der Metro 431

Radiguet: Der Ball 13
– Teufel im Leib 147
Ramos: Angst 570
Ramuz: Erinnerungen an
  Strawinsky 17
Rilke: Ausgewählte Gedichte 184
– Briefwechsel 469
– Das Testament 414
– Der Brief des jungen Arbeiters
  372
– Die Sonette an Orpheus 634
– Duineser Elegien 468
– Ewald Tragy 537
– Gedichte an die Nacht 519
– Malte 343
– Über Dichtung und Kunst 409
Ritter: Subjektivität 379
Roa Bastos: Menschensohn 506
Roditi: Dialoge über Kunst
  357
Roth, Joseph: Beichte 79
– Die Legende vom heiligen
  Trinker 498
Roussell: Locus Solus 559
Rulfo: Der Llano in Flammen
  504
– Pedro Páramo 434
Sachs, Nelly: Späte Gedichte 161
– Gedichte 549
– Verzauberung 276
Sarraute: Martereau 145
– Tropismen 341
Sartre: Kindheit 175
Schadewaldt: Der Gott von
  Delphi 471
Schickele: Die Flaschenpost
  528
– Die Witwe Bosca 609
Schneider: Las Casas vor Karl V.
  622
Scholem: Judaica 1 106
– Judaica 2 263
– Judaica 3 333
– Von Berlin nach Jerusalem
  555
– Walter Benjamin 467
Scholem-Alejchem: Tewje 210

Schröder: Ausgewählte Gedichte
  572
– Der Wanderer 3
Schulz: Die Zimtläden 377
Schwob: 22 Lebensläufe 521
Seelig: Wanderungen mit Robert
  Walser 554
Seghers: Aufstand 20
– Räuber Woynok 458
– Sklaverei 186
Sender: König und Königin 305
Shaw: Handbuch des Revo-
  lutionärs 309
– Haus Herzenstod 108
– Heilige Johanna 295
– Helden 42
– Kaiser von Amerika 359
– Mensch und Übermensch 129
– Pygmalion 66
– Selbstbiographische Skizzen 86
– Sozialismus für Millionäre
  631
– Vorwort für Politiker 154
– Wagner-Brevier 337
Simon, Claude: Seil 134
Šklovskij: Sentimentale Reise
  390
Solschenizyn: Matrjonas Hof
  324
Stein: Zarte Knöpfe 579
– Erzählen 278
– Paris Frankreich 452
Strindberg: Am offenen Meer
  497
– Fräulein Julie 513
– Traumspiel 553
Suhrkamp: Briefe 100
– Der Leser 55
– Munderloh 37
Svevo: Ein Mann wird älter 301
– Vom alten Herrn 194
Szaniawski: Der weiße Rabe
  437
Szondi: Celan-Studien 330
– Satz und Gegensatz 479
Tardieu: Mein imaginäres
  Museum 619

Tendrjakow: Die Nacht nach der Entlassung 611
Thoor: Gedichte 424
Tomasi di Lampedusa: Der Leopard 447
Trakl: Gedichte 420
Valéry: Die fixe Idee 155
– Eupalinos 370
– Herr Teste 162
– Über Kunst 53
– Windstriche 294
– Zur Theorie der Dichtkunst 474
Valle-Inclán: Tyrann Banderas 430
Vallejo: Gedichte 110
Vančura: Der Bäcker Jan Marhoul 576
Vian: Die Gischt der Tage 540
Vittorini: Die rote Nelke 136
Walser, Martin: Ehen in Philippsburg 527
Walser, Robert: Der Gehülfe 490

– Der Spaziergang 593
– Die Rose 538
– Geschwister Tanner 450
– Jakob von Gunten 515
– Prosa 57
Waugh, Wiedersehen mit Brideshead 466
Weiss: Der Schatten des Körpers des Kutschers 585
– Hölderlin 297
– Trotzki im Exil 255
Wilde: Die romantische Renaissance 399
– Dorian Gray 314
Williams: Die Worte 76
Wittgenstein: Bemerkungen über die Farben 616
– Gewißheit 250
– Vermischte Bemerkungen 535
Yeats: Die geheime Rose 433
Zimmer: Kunstform und Yoga 482
Zweig: Die Monotonisierung der Welt 493